Self Awakening

エナの超シンプルな生き方

STEP 1

自分に一致して生きる

内山エナ

Uchiyama Ena

ヒカルランド

一人でも多くの方がご自分の真実を生き、
愛に満ちた世界で存分に生きられますように

はじめに

わたしがお伝えするのは「Self Awakening」（セルフ・アウェイク）という方法です。

これは「自覚」という意味があります。

「自覚」をしていくことは、自分の価値を知り、気付き続け、純粋な愛に基づいた真実を生きることに他なりません。

そのためには自分の中をたった1つの本質の意識である「愛、調和、平和」へと統合をしていくこと、つまり感情を整えていくことが大切です。

本書ではわたしが目醒めて無我意識として生きる体験をステップにまとめて解りやすくお伝えしています。

心の平和を求める皆様の一筋の光となりましたら幸いです。

contents

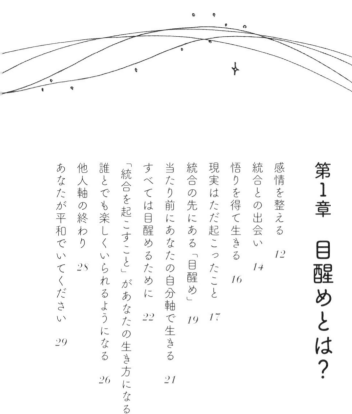

第2章　決めるのは自分

第3章　ZEROの状態でいる

第4章 意図が大切

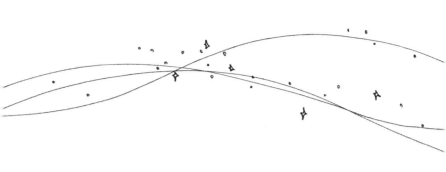

第5章　新しい世界へのとびら

装丁　三瓶可南子
カバー写真　hanabusa
本文イラスト　大野まみ
校正　鷗来堂

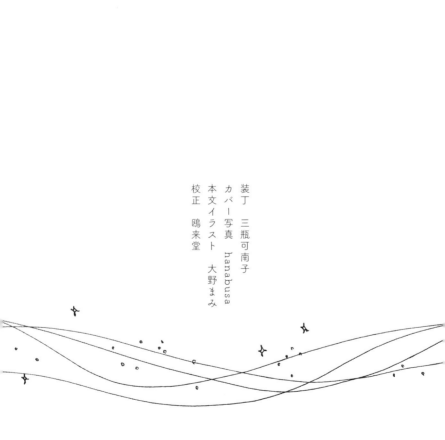

目醒めとは？

第1章

感情を整える

セルフ・アウェイクとは自覚しながら感情を整えることです。つまり、「日々様々に揺れる感情に気付きながら一つへ統合」していきます。

「整える」には乱れを直す。まとめる。調整する。点検して望ましい状態にする。などの意味があります。

「統合」には二つ以上にわかれたものを一つに整えるという意味があります。

わたしたちは毎日喜怒哀楽、様々な感情に揺さぶられています。

一日の中でも上がったり、下がったり、感情は落ち着く暇がありません。

感情によってわたしたちは、ある時は幸福の絶頂、人生はバラ色となり、ある時は絶望へと落とし自分自身を限りなく追い詰めます。

学校で、会社で、家族の間で、わたしたちの感情は休まる時がありません。

人に、出来事に振り回され、自分の意見と意志はどこにもありません。

いつも心が平和で、穏やかで、愛に満ち、静けさの中で生きることは、普通の人には無理なことで、修行を積んだ聖者にのみ与えられるものでしょうか。

何が起きても平和で、無限の優しさの中で、ただ穏やかに生きることが「悟り」であるならば、「悟り」へのステップはもう完成しています。

これまで、長く求めたわたしたちの本当の在り方は、「迷いなく、真実の自分で生きること」です。

たくさんの文献も、溢《あふ》れるほどの情報も、誰もあなたの答えをくれませんでした。

それは当然のことで、あなたの真実はあなたの中にしかないのです。

あなたの求めるものはあなたの中にあります。

それを自分で知っていくことです。

あなたが自分に還ることは「わがまま」なことではありません。

むしろ、あなたは自分の中に眠っていた、慈愛と豊かさと叡智に驚くかもしれません。

それこそがあなたの「本質」です。

その先でわたしたちは、「本質の愛である自分が目醒めて」「悟り」へと向かうことができるのです。

統合との出会い

今から約7年前「統合」という手法に出会いました。

わたしの魂を揺さぶった「本質の愛」という言葉を初めて聞いたのもその時です。

当時、わたしは何かを求めてさまよっていました。

情報の洪水と、軸のない自分、「統合」への間違えたアプローチの中で、わたしは迷路へと入り込みました。

「統合」はただ一つの揺るぎない「愛、調和、平和」へと感情を整えていくことです。

「統合」は「引き寄せ、具現化」「成功論」とは一線を画すものです。

成功、名声、富という「現世的利益」を具現化するものでなく、森羅万象すべての真実に気付いていくことです。

「感情の波の荒立ちをなくし、いつも平和で、慈愛深く、静かでいること」が「感情を一つに整えていく」つまり、「統合していく」ことです。

その先で魂は完全に「自立」をし、人間的に成熟していきます。

わたしはこの道の途中で、解釈を間違え長い迷い道に入り込みました。

けれど、そのおかげで、正しい段階を踏んでいくことで「確実に自分が整い、そうして目醒め、悟りへ至る道がある」と知りました。

現実を生き、どこまでも地に足がついた、けれど自分の中に宇宙が広がっていることを知り、生きることが「本質の生き方」です。

わたしはこのステップを踏み、今も目醒め続けています。

わたしが視ているのは悟りの世界です。

あなたとなんら変わらない3次元の人間関係と、お金と健康に翻弄されていたわたしが、自分の足で「悟り」への段階を上がりました。

わたしがお伝えするのは新時代の悟りへ向かう道です。

あなたが「ただ平和で愛でありたい」と思うならば、これからお伝えする「統合のステップ」を進んできてください。

わたしが「目醒め、悟り」を得た方法のすべてをあなたにお伝えしましょう。

悟りを得て生きる

「統合」とは「感情を一つに整えていくこと」です。

過去のように苦行修行することなく悟りを得て、この世界を存分に生きるという方法が先人たちと宇宙の恩恵により開示されています。

仏教、キリスト教など様々な宗教は、この悟りをいかに得ていくかを説いていました。

特定の人々が求めていた悟りを普通の生活の中で、ステップを踏みながら得ていくことができるのです。

大切なのは、どの瞬間も自分だけを見つめ、例えなにが起こっても、迷わず、揺れず、平和であり続けることです。

「平和で平安」な状態が、源といわれる重厚な意識を表した言葉です。

人により、この状態が、愛、調和、喜びという言葉で変換されます。

引き寄せをはじめとする現実世界での具現化、現世的利益ではなく、完全なる魂の自立と宇宙の真理を自分で解いて、源の意識と同調して生きることが悟りへの道です。

現実はただ起こったこと

現実はただ出来事が起こっています。

そこにさまざまな感情をつけて楽しんでいるのがわたしたちの生き方です。

朝の満員の通勤電車、家族の世話、毎日の仕事、人間関係、わたしたちは日々感情を揺れ動かし、怒り、焦り、悔しさ、嫉妬、不安、歓喜、などあらゆる感情を体感して、体験して自分を取り巻くことに振り回されて生きています。

人間が人間たるゆえんです。

この生き方は、日々ジェットコースターのようにわたしたちを揺さぶります。

もともと、わたしたちは重厚な「愛」というたった一つの感情だったことを知っていますか。

その意識には肉体がありません、目、耳、口がありません。誰かと話すことも、何かを触ることもありません。

ただ、重厚で濃密な「愛」という意識で長く揺らいでいました。

その重厚な「愛」が「肉体を持って」たくさんの感情を経験したい、体験したいと思い、地球で人間としての肉体を持ちました。

地球について少し説明しましょう。

地球には南極と北極があるように「極つまり正反対のもの」を体験することができます。

当たり前と思っている「男性、女性を含む性の違い」「肌の色の違い」「言語の違い」などは反対のものを体験できる地球ならではです。

この正反対なことを体験できる地球でわたしたちは「重厚な愛」という本来の感情を心の奥深くにしまい、まずは「自分には価値がない」「わたしがすべて悪い」という「愛」とは真逆の無価値感、罪悪感という大きな感情を基礎にして、喜怒哀楽へ分化させ、さらに小さなイライラから殺してしまいたいという憎悪へと感情を細分化しました。

あなたは感情に振り回される生き方に疲れていませんか。

この生き方をもう十分過ぎるほどやり尽くしたなら、感情を一つに整えていく、ただ平和へと戻るために「統合」を起こしていくのはいかがでしょう。

わたしは長いこと自分の生き方に自信がなく、100%以上誰かの言葉の中に自分の求める答えがあるのではないかと彷徨いました。

けれどあなたが求める答えはあなたの中にあるものです。

わたしはあなたが、「本質へ」と戻るステップをお伝えします。

執着、依存、恐怖で支配された人間としてのすべての「欲」を終えてこの世界を存分に生きてください。

いつも平和でいてください。

地に足をつけてしっかりと生きてください。

統合の先にある「目醒め」

統合の先には「目醒め」があります。

「目醒め」とは思考が止まり、人間としての「欲」が失われます。静寂と平和へと至り、あらゆる真理を知り、その上で愛をもって存分に生きることです。

高僧、仙人、聖者が到達した「平和な心穏やかな境地に生きて真理を知る。

現世的なすべての欲を捨て、ただ純粋にここに在る」という姿勢です。

普通の生活を送りながら「悟りを得て静寂の中で流れるように生きる」、このようなことが本当にここで体現できるのです。

家族がいても、仕事をしても、何があってもあなたの心はいつも平和である。

目醒める前、わたしはいつもオドオドしていました。周りの人が恐くて仕方なかったのです。

いつもソワソワ、オドオド、人の目を気にして、人から言われたことを気にして、何も言われないように気をつけて、でも気をつければ気をつけるほどに反対に攻撃を受けるようなことを繰り返し、それに対処するために右往左往することを繰り返してきました。

ここはそういう世界です。

本当のカラクリがわからないから、自分を取り巻く環境、これを「自分の外側」といいますが、この「外側」に自分を合わせて、また一方で「外側」を自分に都合の良いようにしたいと四苦八苦します。

「人に合わせて、反対に人をコントロールしたいと思う」今思えばすごい世界に身を置いていたなと感心します。

当たり前にあなたの自分軸で生きる

あなたは自分の軸で生きていますか。

いつもあなたがどうしたいのか考え、そして行動し、発言していますか。

それとも、何をするにも自信がなく、誰かの意見に流され、人がどう思うのかとばかり気にしていますか。

「目醒め」は「自分の軸」で生きることです。

あなた本来の「優しさと協調性」で生きることです。

特別なことではなく、本当に当たり前のことなのです。

「自分の軸で生きるなんて、絶対無理」「そんな自分勝手はめちゃめちゃになる」と今は思うでしょう。

それは今あなたが「自分の軸」をエゴである自分の軸と、本来の愛の自分の軸と取り違えているからです。

わたしたちがこれからステップを踏んで進んでいくのは本質の愛の自分軸です。

この自分軸は諍《いさか》いを起こすこともありませんし、めちゃめちゃになることもありません。

これからあなたはあなたの中に無限に広がるどこまでも優しい「愛」へとアクセスしていくのですから。

すべては目醒めるために

あなたがこの本と出会ってアップダウンしている感情を一つに統合して「目醒めて生きる」と決めたならば「人生の優先順位は目醒めること」になります。

目醒めは新しい自分になるのではなく、あなたが「本当のあなた」へと戻ることです。

神聖な、純粋な、混じり気のない「美しい本当のあなた」は、硬いハートの中で、あの日「わたしは眠る」と決めた日から、今もまだ深い眠りについています。

「本当のあなた」が目醒めるために必要なのは王子様と出会うことではなく、「今のあなた」が自分の足でそこに向かっていくしかないのです。

「目醒め」のステップは普通の生活の中で粛々と淡々と行うものです。

「感情を統合すること、一つの愛、平和という意識へ戻していくこと」を特別なものにしないことが大切です。

統合にはいくつかワークがありますが、ワークをした後のその感覚をいつも憶えていてください。

あなたの心は平和で満ちているかもしれません、静寂の中で愛に溢れているかもしれません。

いつもどの瞬間も「あなたは平和」でいて欲しいのです。

わたしたちは現実と向き合うから怒りや苦しみを感じます。

「感情を一つに整えていく」過程では現実は大切なものになります。

あなたはこれから感情を捉えて、整えていくために現実を生きていきます。

あなた一人が目醒めることがどんなに大切なことか解りますか。

これまで、現実の出来事と生活に一喜一憂して振り回されていたあなたが、ただ「幸せで豊かである」ということがどのくらい神聖なことか知ってください。

今この瞬間からあなたのすべては「目醒める」ためにあると心から決めてください。

「統合を起こすこと」があなたの生き方になる

わたしは今、地球のルールと制限と観念概念を手放して、自分の本質の「愛と調和」で生きること、つまり、「目醒めて生きる」ということをお伝えするワークショップを行っています。

このワークショップは「情報をお伝えするクラス」とは異なり、回数を重ねるごとにステップをあがり、本気で目醒めと悟りへ向かうクラスです。

言い換えると、自動車の教習所のようなものでしょうか。

教習所には車には乗らないけれど知識だけ欲しいという方はほぼいないと思います。

車に乗るという目的があるから通うのでしょう。

それと同じ、いえ、それ以上の「目醒めの教習所」です。

「目醒めて生きる」とは自分の本質の調和の軸で生きることです。

まだ見たことのない世界ですから、信じられない、そんな世界があるのかと疑う気持ちもあるでしょう。

わたしも長年、間違えた方法をやり続けました。

けれど、わたしは「目醒め、悟り」へとどうしても至りたかったのです。

わたし自身、今回はただ「平和」で生きる「悟り」を得るために生まれてきたのも知っていました。

何をしてもいつも何かを探していました。

現実の世界でなりたいものはなく、行きたいところもありませんでした。

わたしが「なりたいもの、行きたいところ」を思うといつもそのイメージはただ虹色の光が視えるだけでした。

そんな時に出会ったのが「ただ、自分の中を整えていくだけ」という「統合」というツールです。

ただ「整え続けるだけ」ではなく、自分なりにステップを確立して、自分の身体を通してあらゆる感情を整え、我欲を手放しました。

その結果修行を積んだ僧侶や、特別な苦行などで得られた「悟り」は遠いものではなく、実は本当に身近なものであると知りました。

あなたが求めて続けている「目醒め　悟り」を得られないのはただ「方法」が解らないだけです。

「普通の生活の中ですべての人が目醒め調和を体現している」そんな世界は「あなた一人の目醒め」からスタートするのです。

誰とでも楽しくいられるようになる

「統合」は感情を整えながら「本来の愛、調和、平和という重厚な意識」へと戻っていくことです。

あなたの感情が整っていくと、あなたの雰囲気（発するエネルギー）が変わってきます。

そのために「エネルギーが変わると会えなくなる友人がいる。

一緒にいるのが苦しくなる人がいる」と言う人がいます。

これまで誰かや、何かの悪口を言うために集まっていたり、あなたの成長を著しく止めてしまうようなコミュニティであるならば、あなたはそこを去るかもしれません。

また、あなたの雰囲気に嫉妬をしたり、「自分とは考え方が違う」と思う人はあなたから離れるかもしれません。

あなたはもし誰かに何かに対する嫌悪感など不快な思いがあれば、その不快な思いを「もう使わない、手放します」と決めます。

嫌悪感を外せば、当然嫌悪感はなくなります。

そうしてスッキリとします。

あなたが自分を整えていくと、すべては自分の見方と意識次第だとわかる様になるので、もう誰かの悪口も言いませんし、外側の環境のせいなどにもしなくなります。

扱うのは「あなたの感情だけ」です。

整えていくのは感情だけです。

いつも平和でいるために、あなたは自分だけに集中して、何か不快なものを感じたらただ手放していきます。

その結果相手はどうあれ、あなたは誰と、どこにいても不快な感情がなく、楽しく、平和でいられるようになります。

あなたはただ現実を視て、沸き上がる、揺れる感情を手放して一歩ずつその先へ行くだけ、地道ながらもその道は必ず平和の道へと続いていています。

他人軸の終わり

今、「自分の軸」が本当の意味で見直されてきています。

あちらに覚醒した人がいると聞けばそちらへ流れ、また違う覚醒者が現れればそちらへ流れという生き方は、「たくさんの人からの意見を取り入れて、色々な角度を勉強して、自分がどうしたいのかを考えましょう」という古い考え方の癖です。

自分一人で答えを導きだすことは、「人の顔色を見て、空気を読むことこそ協調性」だと勘違いしているわたしたちには1番難しいことです。

まず自分に自信がありません。

自分軸と自分勝手の違いが解りません。

自分は本当はどうしたいのかが解りません。

「誰かの意見と誰かの指示がないと進めない自分」ではなく、もうわたしたちは自分の舟の目的地を自分で定める時です。

きっとあなたは「誰かが自分の感じている真実を話してくれるはずだ。どこかにそれが書いてあるはずだ」と思っているのでしょう。

でもあなたの知りたいことはあなただけが答えをだせるのです。

「解らない、出来ない」を終わりにして、自分で答えをみつけることがあなたの真実に生きることです。

今日から自分だけを見据え、あなたの「愛と調和、平和」へと一致し続けることが生き方になります。

果てしないあなたの旅は今スタート地点に立ちました。

あなたはどこまでも自分を追ってあなたの「愛」へと「平和」へと還っていくのです。

あなたが平和でいてください

今この瞬間に、大地震がきても津波がきてもわたしは平和です。

明日「あなたは死ぬ」と言われても平和です。

わたしはただ、自分の中の不快な居心地の悪い感情を手放していくだけだからです。

統合を起こすことであなたの「意識」が変わります。

あなたが「平和」でいるからと言って、世界で大地震や津波や戦争が起こらない訳ではありません。

わたしの世界でも新聞やテレビを見れば毎日さまざまなニュースがあります。

何が違うのかというと「意識がまったく違います」。

戦争も、事件も「魂の大いなる計画の元の人間としての学び」があります。

なにかが起こった時、その方の書いてきたシナリオが遂行され、すべてがその瞬間に完了したことが解ります。

それぞれの魂の計画が無条件の愛の元で完全に遂行されています。

それぞれが自分の望む人間としてのドラマを体験して、経験できるということはなんて豊かなことでしょう。

「統合」はこれまでの小さな考え方では到底及ばないほどの叡智へとアクセスしていきます。

今になると「これまで、いかに狭い世界」でいろいろ知った風になっていたのかと驚きます。

今この瞬間から日常のすべてを使って、目醒めるための準備をしていきましょう。

自分を整える生き方、「統合」が癖になるまでは訓練が必要です。

わたしは基礎をとても大切にしています。

基礎が真実のあなたへと繋がる礎になることをあなたに知って欲しいと思います。

あなたが世界平和を望むのであれば、「あなたが平和でいてください」。

「忘却のベール付き体験型ワンダーランド」

本来わたしたちは「愛」という重厚な意識です。

この重厚な意識は「源」と言われます。

「源」は「愛と調和」という周波数で揺らぎ、そこには「好奇心」という駆動力がありました。

「好奇心」を持った「愛と調和」はたくさんの経験と体験がしたいと、「地球」を生みました。

地球にはマザーアースと呼ばれる女性性の意識があります。

彼女は「あなたたちが経験し、体験したいのなら」と地球の上にさまざまな周波数を置くことを許可してくれました。

それをきっかけに無数の魂が源から分化してここに降りてきたのです。

これまでのような「一つの意識」ではなく、他人という存在が目の前にいる。

「感動したり、憎んだり、泣いたり、笑ったり」というさまざまな感情を体験できる。

さらに思ったものが形になり、肉体があるから触ることもできるし、味覚もある。

源の意識では解らなかったことを「体験、経験することができる世界」です。

しかも、忘却のベールをくぐれば、あらゆる体験をまるで初めてのように何度も、何度も生まれ変わることで繰り返し体験することができる。

いくつかのルールがあれば、ここで存分に好奇心の赴くまま「人間の感情と体験」をすることができると知りました。

そうしてここで遊ぶためにはルールを創りました。

①ゼロの状態を完全に忘れること
②カルマという規則に従うこと
③エゴという自分に乗り換えること
④エゴは罪悪感・無価値感・恐怖という荷物を必ず持ち歩くこと

⑤　さまざまなキャラクターを演じること
⑥　自分を信じないこと

この他にも「人の顔色をいつも見て思いを巡らす」「空気を読む」など盛りだくさんのルールがここにはあります。

こうやってわたしたちはこれまでに見たことのない、「忘却のベール付き体験型ワンダーランド」を創り上げたのです。

「たくさんの人生とたくさんの感情を体験できる！」

ただ愛であるという重厚な意識のわたしたちはそれにどれほどワクワクしたのでしょうか。

壮大なごっこ遊びの世界

小学生のころわたしには不思議な感覚がありました。

いつも舞台でお芝居をしているような感覚。

家族を視て「この人はわたしのお母さんじゃないのに、お母さんごっこをしている。お父さんはわたしのお父さんじゃないのに、お父さんごっこをしている。弟は可愛いけれど、本当は誰なんだろう。学校も先生ごっこ、生徒ごっこ、お友達ごっこ、みんなでごっこ遊びをしているんだ」と本当に思っていました。感情も不思議でした。

「わざわざどこかから感情をひっぱってくるような」不思議な気持ちがありました。わたしが言ったセリフに反応して母や父が怒ることがよく解りませんでした。この世界は壮大なごっこ遊びの世界だと小さなわたしは本気で信じていたのです。

今でこそ感情の扱い方など、この世界のカラクリはもう解かれています。

女性であること、男性であること、会社員、母、父、子供、学生、ありとあらゆる役を終わりにして、自分に課しているルールをやめて、純粋なスピリットとしてこの世界を存分に楽しんで生きていくのです。

長い月日わたしは「目醒め」ということだけを目標にしてきました。

「目醒めて生きる」わたしは今回それをするために生まれてきたのだ、だから必ずその世界を視たいという一心でした。

「統合」は「不快な感情」を「愛、感謝、喜び、祝福、平和などの高い資質へと整えていくこと」です。

何事にも振り回されずに「いつも何が起きようともただ平和で在ること」です。

それにはきちんとした理論とステップを踏むことが大切です。

わたしは自己流に陥り、「自分軸と自分勝手」をはき違え、長いこと迷いの道をさまよいました。

そんな中でも「目醒め」をあきらめたことはありません。

間違えていた中でも時々触れた宇宙意識は愛に溢れていたのです。

わたしはその愛を全身で知りたかったのです。

２０１８年春分からわたしはそれまで持っていたすべての情報を遮断して、長年悩み続けた「目醒めの道」の総ざらいを始めました。

その結果、あらゆるパズルが整い、宇宙と自分の宇宙が重なり合った12月のある日「ハートがでんぐり返しをするような」中で「目醒め」が起こりました。

今も、ほぼ毎日、「目醒め」続けています。

この本ではわたしが一から構築した、感情を一つに整えていくための「統合の理論と基礎」と「目醒める」のステージを段階的にお伝えします。

この世界とあなたがどれほど美しいか、まだあなたは「本質の美しさ」を知らないでしょう。

「目醒め」の道はあなたの「豊かさ」へとアクセスしていく道です。

わたしが目醒めてきた軌跡をたどり、あなたが「目醒めていくこと」それだけでわたしは幸せです。

極を体験できる地球

地球は「南極、北極」を軸とした「極」があります。

ここは対極が存在します。

「善と悪、光と影、男性女性」、など正反対の性質が同時に存在できる世界です。

「幸せ、でも恐い」「ワクワクする、でも不安」など二つの感情を同時に体験できるのです。

わたしから視ると地球にはモヤモヤ・ゴツゴツ・ザラザラした周波数がいくつも置かれています。

ある一つを怒りと名付けてみましょう。

「怒り」と名のついた周波数を「思考」が取り込み細分化して「ちっ」という感情から「殺したいほどに憎い」という激しいものまで体験するようになりました。

他にも構造の違う重たい周波数があります。

それを「わたしなんか価値がない（無価値感）」と名付けてみましょう。

思考が取り込み細分化すると「嫉妬、焦り、孤独、絶望」へと変換されていきます。

長い間、「平和、愛、調和、豊か、感謝」という重厚な意識だけで漂っていたわたしたちは、好奇心の赴くままいろいろな感情を体験してみたかったのです。

それなのに、そこから抜けられないくらいに迷路の中をに迷い込んでしまった。

これがわたしたちの現状でしょう。

第2章

決めるのは自分

なぜ「統合」を起こすのか

感情はわたしたちの中で分離に分離を重ねすぎました。

理性をまったく無視して自動的に爆発する感情は、もう自分では抑制できないほどにふくれあがり、わたしたちを飲み込みます。

これらを扱っていく上で大切なのは「なぜ感情を整えたい、統合を起こしたい」と思ったかということです。

苦しい現実の中で生きるのではなくいつも「平和」でいたいからでも良いでしょう。

「目醒めるため」でももちろん良いでしょう。

「至上最高に愛で平和である自分を知りたいから」でも良いでしょう。

そうであるならば、あなたが統合した先でどのような周波数でここに存在したいかが大切です。

その先をしっかりと見据えて着々と一歩づつ階段を上がる。

一朝一夕ではなく、きちんとした土台を築きながら光の階段を上がることで、統合のその先の目醒め、悟りへと至り、至上最高なあなたでここに存在することができるのです。

正しいステップを踏む

統合には「理論」と「ステップ」があります。

基礎をしっかりと築くことで、あなたは着実に目醒めのステージを上がります。

最終の目的地は24時間自動「統合」です。

最初は時間をかけて「統合」の基本的なスタンスを創り上げていきます。

ここはとても大切でこの部分をあいまいにしてオリジナルの「統合」や中途半端な意識でいると、これから踏んでいくステップを上がっていくことができずに「統合疲れ」や「迷路」にはまり込んでしまいます。

この本では基礎をしっかりと創り上げ、ステップを踏んでいきます。

コツとポイントを押さえていきますので、まずはしっかりと着実に進んでいきましょう。

これまでの生き方

わたしたちは何年も自分を取り巻く現実に意味を見出だし、誰かと比べて良いことに意味を見出だしてきました。

ブランド品、学歴、パートナー、職業、容姿、ありとあらゆることにいつもなにかと比較をしてきたのです。

比較をして優劣を感じ、焦り、嫉妬をし、もっと自分を取り巻く環境を整えなければとやっきになって、努力して、頑張って、乗り越えて、その結果「努力しても報われないこともある、人生は困難の連続だけれど、乗り越えてこそ解ることがある。だからこそ小さな幸せが輝くのだ」というドラマが出来上がったのです。

いつもなにかと闘っている生き方は疲れます。

この生き方をまったく逆にすることが大切です。

もちろん今は、目醒めと悟りを得るためのすべての情報が開示されているのと同時に、わたしが構築した「正しいステップ」で、過去には類を見ないほど簡単にスピーディに意識の変容が起こります。

「ゼロの状態でいること、現実のすべてを統合に使うことと、好奇心の本当の使い方、自分で作った落とし穴に落ちない」など「統合」の道は気付きの道です。

何よりも自分の足で一歩ずつ歩いて来たから戻ることなく、その先へと進んで行けるのです。

いつかあなたはこの地球と地球に生きるすべての存在を愛して、愛して、心から慈しみ、そして地球を卒業していくのです。

あなたはあなたの足で、目醒めの階段を上がってきてください。

まだ見たことのない美しい景色があなたを待っています。

目醒めてからの生活は

「目醒めて」その後の生活はどうなるのでしょう。

結論から言えば「生活は何も変わりません」

わたしは家族がいますので、ほぼ毎日（たとえワークショップがあっても）夕飯を作ります。

洗濯も、掃除も、スーパーに行くのも当たり前のことです。

子供はいませんがワンコがいるので、毎日3回お散歩に行きます。

上のお姉ちゃんワンコの桃は、生まれた時から肝臓を患っています。最近は遺伝の病気で心臓も弱っていますので、毎月の動物病院はかかしません。

主人とテレビを観ながら夕飯を食べ、桃にはマッサージをして下の男の子のワンコの蓮とボール投げをして遊びます。

何も変わらない生活です。

変わったのは「意識」です。

ネガティブな感情がまったくありません。

疑いもありませんし、分析もしません。

皆が完全だと知っているので、主人にも実家の家族にもペットにもすべてに対して敬意と祝福を欠かしません。

ものごとや出来事をそのまま受け取ることができるので「裏」を読む必要がなく気持ちがとても楽です。

いつもゼロの状態にいるので、落ち着いて冷静で平和で少しポジティブな感覚に包まれています。

「統合」の基本をしっかりと築いたので、「今ここを生きる」ということが体感として解ります。

「目醒め」は「意識」が変わること、つまり、ものの見方がまったく変わることです。

例えば、
上のお姉ちゃんのワンコは11歳です。

下の男の子のワンコはまだ1歳です。

10年も1匹だったところに2匹目とはいえ多頭飼いです。

ずっと2匹目を迎えたいと思っていたのですが、多頭飼いを始めるには遅かったとあきらめていました。

けれど昨年の3月にワンコたちを信頼して任せてみようと、2匹目を迎えました。

タオルの両端をお互いが持ち、2匹でじゃれている姿を見て、以前のわたしならば「いつまでこの幸せが続くのだろう」と「幸せと悲観」を両方体験していましたが、小さな命が今ある感謝、「今ここ」の中で生きているのでなんの不安もありません。

コミュニティと友人の変化

ここに至るまでにわたしも離れたコミュニティや友人がいます。

皆さんの中でも今、友人関係が様変わりしている、会社を突然解雇になった、離婚した、という方は多くいらっしゃるでしょう。

でもこれはあなたが本当の自分へ「目醒め」へと進むためにはどうしても通らねばならない道です。

どうしても一度「依存や執着、変化への恐怖、その他自分の中の価値観」を手放す時があります。

すると今度は、自分は「目醒め」を選ぶけれど、家族や大好きな友人は「目醒め」を選んでいないから一緒に行けないんじゃないか、という不安にかられたりします。

でも、わたしはあなたが目醒めた先で「心地良く一緒にいる相手は同じ様に目醒めている」と思っています。

そうして、「統合」を起こす段階で、すべての人にみなそれぞれ「今回するべき学び」があるのを知り、それをコントロールしたいという気持ちがなくなっていきます。

あなたが目醒めた先では誰とでも一緒にいることが出来ます。

嫌だなとか不快だなと思ったら「統合」を起せば良いだけですから。

ある時に「みんなしめじだから」とガイドに言われたことがあります。

わたしたちは皆、石づきは一緒、つまり元は一つで繋がっています。

「一人一人は別だ」と、上の部分だけを視てそう錯覚していますす
人間でいた時はこの離れた部分しか視えないので、孤独を感じたり、寂しさを感じたりします。

この孤独を埋めるために、恋人、友人、家族やコミュニティに繋がりを持とうと必死になります。

本当は繋がっているのに、繋がっていないと思い込むのです。

けれど、目醒めると「繋がっている」ことを想い出すので、もう孤独を感じなくなります。

一人でも幸せだから、誰かといても幸せです。

とても心地の良い風通しの良い関係です。

目醒めの道は自分と向き合う道

今、目醒めのブームの中、たくさんの人が情報を共有し、目醒めのステップを進んでいます。

「目醒めの道」はあるところまでは一緒に行くことはできますが、最終的にはただ自分とだけ向き合う作業です。

世界中の人が「統合」なんて嘘だと言っても「わたしは宇宙で一人になっても統合を起こしていく」という意志が大切です。

真摯に自分と向き合い、素直にただ手放し、愛へと平和へと光へと自分の中を一つに整えていきます。

汚れたコップの水が一滴一滴、綺麗な水へと入れ替わり、あるところからはとても速いスピードで純化されていくのです。

これから先、あなたの意識が変わる過程では、留まれなくなったコミュニティも、離れていくパートナーもあるかもしれません。

けれど、それは悲しいことではなく、長い目で視た時に、これで良かったのだと思う時が必ずきます。

「統合」は本質の意識が「目醒め」て「悟り」へと向かう究極の手法です。

しっかりと基礎を固めて、着実に進むことで「目醒め」は起こります。

わたしは10年という長い間、スピリチュアルの世界にいましたが、これほど「目醒め、覚醒、悟り」へと至るツールを視たことがありません。

「目醒め」はこの肉体が自分だと思っていた「エゴ」が「本質の聖なる自分　ハイヤーセルフ」と完全に入れ替わり、意識を明け渡すことです。

「目醒め」は準備が整った時に自然に起こります。

「目醒め」た時、これまで先導していた「エゴ」はあなたの個性として「聖なる自分であるハイヤーセルフ」へとしっかりと取り込まれます。

あなたが繋がりたいと切望する「ハイヤーセルフ」は、もうすでにあなたの中で目醒める準備に入っています。

あなたが「ハイヤーセルフ」として生きることが「目醒めて生きる」ことです。

その時から本当の目醒めへの道が始まります。

流れる様に生きる

「目醒めて生きる」とは流れるように生きることです。

わたしは自分のカヌーに乗り、自分でオールを持ち、流れに逆らうことなく、ただゆったりと周りの美しい景色が流れるのを視ています。

小鳥のさえずり、可愛い動物、綺麗なお城、美しい花々、ただ、綺麗だなとそれらを眺めています。

あるところまでくるとカヌーは右の川に入るか、左の川へ入るかの選択をします。

この時にわたしはオールをしっかりと握り、自分で選択をして次の流れに入ります。

そこから先はまた次の川の岐路まで、ただ川の流れに身を任せながらゆったりと先ほどとは違う美しい景色を視ながら進む。

わたしの毎日はそのような感じです。

「クンダリーニ覚醒」と「覚醒」

「目醒め」のその前にクンダリーニ覚醒を起す方もいますが、「クンダリーニ覚醒」と「覚醒」はまったく異なります。

「クンダリーニ覚醒」は宇宙の情報を自分で降ろすことができるようになりますが、「目醒め、覚醒」は意識が地球の出来ない、やれないという重たく苦しい制限の磁場を抜けて宇宙意識という無条件の愛の世界で生きることです。

わたしが「クンダリーニ覚醒」を起した時、尾てい骨から何かが螺旋を描きながら背骨に沿って上がり、頭頂から抜けていく感じがありました。

その時に自分の身体の後ろに宇宙が視えました。

これまでは繋がるという意識だった宇宙が自分の後ろにあるということが解り、「クンダリーニ覚醒」をきっかけにしっかりとした宇宙の叡智、情報が降ろせる様になりました。

けれど、「クンダリーニ覚醒」をした後、思考はだいぶ静かになったもののネガティブな感情はまだありました。

ということは、まだ先があるんだと解り、そこから先も淡々とただ日々「統合」を起しました。

そうしているうちに「目醒め」るために「統合」をしていたことが解り、同時に「目醒めに執着している自分」を知り、もう目醒めなくてもこのままわたしの人生はただ「統合」をしていくだけと心を決めてからしばらくしたある日わたしは、ぐるんとハートの中ででんぐり返しをして地球の制限の爆風を抜けました。

外へ外へと向かい自分を失くしたわたしたち

わたしたちの身の回りは当たり前に気持ちを外へ外へと向かわせるものに溢れています。

電車に乗れば、中吊り広告、会社では評価、噂話、美容院では週刊誌、テレビではワイドショーと政治や事件のニュースが溢れ、その中で「人はわたしをどう思うのだろうか、どう思われるのだろうか、評価されたい、認められたい、良い人でありたい、人は自分の思い通りになって欲しい、求めるものはなんとしても手に入れたい」と心は乱れます。誰かのために、何かのためにと自分をすり減らしてある時に「パタン」とすべての扉を閉じてしまいます。

自分を取り巻く環境を「外側」といいます。

外側に意識を向け続けて、自分を見失う生き方を「外向きな生き方」と言います。

「統合」を起していくことは外向きを辞めて、あなたが「ただ平和」でいるということです。

花や木は純粋なエネルギーでそこに存在しているだけです。

彼らはわたしたちを「癒そう」とは思っていません。

ただ混じり気なく、どこまでも純粋であるだけです。

宇宙は出したものだけを受け取ります。

花や木はただ、細やかで純粋な周波数を出しています。

「統合」のその先であなたにもそうなって欲しいのです。

例えそこで何が起こっても「経験し、体験したいことをそれぞれが遂行している」という「平和と豊かさ」を感じていてください。

あなたはただ、細やかな、平和で、愛で、感謝で、祝福で存在しているのです。

「あなたがただ平和である」それが何よりのギフトなのです。

現実をコントロールしようとする生き方

眠った意識のあなたが1番苦しいのは、現実が自分の思う通りに運ばない時でしょう。

思考と感情は「エゴ」の持物です。

エゴは個性であり、「思考と感情」はエゴが人間を生きるために細分化して抱えているものです。

そうしてすべての人が大いなる魂の計画の元で、人間として「経験と体験」をしています。

各々の学びがあるのにそれに対してああでもない、こうでもないと言い、なんとか自分にとって都合の良いようにコントロールできないかと忙しく働きますが、すべての人に、今回の人生ではこれを学ぼうと決めたことがあります。

その学びを尊重しないで、相手やものごとを自分の思い通りにしたいというのが、

「人間の考え方」です。

わたしたちはなにか不快なことがあると「(相手)や(現実)がどうにか変わって欲しい」と思います。

「もっとこうしたほうがあなたのためだから」と「コントロールしたい思い」を視ない様にして策を練ってあらゆることをします。

けれど(相手)や(現実)は変わりません。

「わたしの思う様になって欲しい」これが「人間の生き方」です。

相手には相手が決めてきた学びがあります。

だから変わりません。

あなたの中の「不安、どうしよう、困った」という感情や「こうなって欲しい」という希望、期待や執着を手放していきます。

変えられるのは「自分」だけです。

重たく不快な居心地の悪い感情を手放すと、空いた隙間には必ず「本質の愛と調和」が戻ります。

あなたの意識が変わるから「問題が問題でなくなる」のです。

例え目の前で誰かが喧嘩をしていても、何があっても「関わる人の学び」として現実を中立として視ることができます。

相手には相手の学びがあります、出来事はあるがままただ起こるだけです。それらに祝福を送り、その中でどう生きるかがあなたの在り方としてとても大切なことなのです。

真実は一つだけ

最初は重たい周波数を現実の中でさまざまに細分化して体験、経験できることがなんともいえない醍醐味でしたが、細分化を繰り返した感情には「自分の思う通りにコントロールしたい、優劣、承認欲求、執着」などさまざまな雑味（欲）が出てきました。

雑味がある中で、相手の顔色を見て空気を読んで態度や言動を状況を変えていくのがこれまでの生き方です。

雑味が混じる中で、自分の真実を求めても調和は生まれません。

「統合」を起して、あなたがより自分にしっくりくる、心地良く感じることを選択し、表現をすることは、「本質の愛」へと戻る道です。

「統合」してあなたがより本質の愛と平和へと向かうために表現することは必ず調和へと至ります。

真実は一つしかないからです。

源の意識である本質の愛、無条件の愛がわたしたちの真実です。その真実をどこの角度から表現するかの違いだけです。

だから「統合」を起した先で「あなたの真実を表現」していくことは軋轢《あつれき》や摩擦を生まないのです。

人間としてのシナリオを捨てる

わたしたちは誰もが生まれる前に自分が書いてきているシナリオがありますが、すべてを忘れる忘却のベールを通って生まれてくるので、そのシナリオを完全に忘れます。

わたしたちは人生を自分で切り開いて選択しているように視えますが、「ここは右に行こう」と決めるとあらかじめ自分が書いた「右の道での人生が始まり」、左に行こうと思うと「左の道での人生が始まります」。

右に行くのも左に行くのも、どちらにしても自分でシナリオを書いているので何を選んでも良いのです。

自分の書いたシナリオの中で「こんな大変なことが」とか「こんなにひどいことが」と右往左往することが楽しい遊びでした。

つまり、あなたが自分で書いたシナリオの中を進んでいるのに、そこで「なんでこんなことが起きるのだろう」というネガティブな感情を表すのはおかしなことです。舞台で演じている俳優と同じです。

何が起こってもあなたが書いたシナリオです。「あら、こんなことまでシナリオにしたのね」と現実を目の前にして感じた心地の悪い重たい周波数を手放していきます。人生は自分で書いてきた「シナリオ」だと知り、何を選んでも、わたしはどんなことを体験するのだろうと、「ワクワク」進むのもいいでしょう。

「人生は冒険に満ちていた。いつもすべてを受け入れて楽しい旅だった」も悪いことではありません。

実際に自分が歩む人生で、ネガティブな感情を体験せずに受け入れる心でワクワクと続きを待っていれば、「最高に楽しい人生だった」と思えるでしょう。

けれどわたしが伝えるのはそこではありません。

わたしが伝えるのは、もっと先です。

生まれる前に決めた「人間のシナリオ」を破棄して、「ハイヤーセルフで生きるシナリオ」を新しく手にしてもらうことです。

「人間のシナリオ」を進みながらあなたは心地の悪い感情を手放していく。それだけであなたは「ハイヤーセルフとしての人生」を生きることができるのです。

あなたの世界に責任をもつ

あなたの世界とは「あなたの感情」に責任を持つことです。

この世界で起きる出来事はただ起きているだけ、つまり「中立」なことです。

火事であれ、なんであれ起きたことを「出来事」として「あるがまま」視るということです。

あなたとはなんのゆかりもない土地で火事が起こったら、あなたは「そうかぁ」と思います。

けれど、自分の家が燃えたらもう大変です。「なんでこんなことが」と「絶望だ」とも思うでしょう。

でもこれは「火事」が起きました。「家が燃えました」という出来事です。「あるがまま」を意識するのは自動的にできるのではなく、訓練が必要です。なにが起きても「あるがまま」という見方が「統合」を起す上で大切なことの一つです。

ここがしっかりとしないと「これは別」「そうはいっても現実は」となり「統合」を起していくことはできないのです。

あなたの世界に責任を持つのは「目の前で上司に怒られた」という現実に感じた「怒られた」という「心地の悪い感情」です。

もしかしたら上司は怒ったのではなく、単にあなたに「ここはこうしてくださいね」と言ったのかもしれません。

けれどあなたの中に「被害者意識、わたしはだめな人間だ」という「無価値感」があれば、「怒られた」とあなたは体験します。

「いえそんなことはありません、彼は確かに酷い言葉でわたしを罵倒しました」と、あなたは言うかも知れません。

そうであったなら「上司が人をコントロールしたい、支配したいという気持ち、人は自分の言うことを聞かねばならない」などの、その人の今回決めた学びをただ遂行しているのでしょう。

相手の学びとあなたの学びは一致していません。

だからあなたは大きく揺れる感情を手放してしまいます。

「統合」は自分の感情のみを扱っていきますので、あなたが無価値感を手放せば、当然「わたしは価値がある」となり「非難を受けた、怒られた」という「感情」がなくなります。

その結果「上司に怒られた」という現実はなくなり「上司にアドバイスをもらった」と軽やかな体験になります。

そうしてあなたは「あなたが自分にしっくりする言葉、自分が心地がよくなる言葉」をあなたが「愛で調和」へ向かうために発言（表現）します。

目の前で悪口を言っている人がいても、どんなにあなたに悪態をついていても、あなたはただ自分の感情だけに責任を持って「大きく、小さく揺れる心地の悪い感情」を手放して、よりしっくりすることを表現することだけ繰り返して着々と「統合」を起していってください。

「現実に起こったことをそのまま」視るという練習に、わたしはドラマや映画を使いました。

ドラマや映画はわたしにとっては本当に使い勝手が良いです。

意識を「統合を起こすことだけ」へとしっかり向けるには「人間の感情をやりきる」ことが大切です。

「もう人間の感情は充分味わい尽くした」というところまで人間をやりきらないと、「そうはいってもこのことは別」とか、「現実も味わいながら目醒めたい」と「現実」と「目醒め」をどちらも握りしめることになります。

「現実」と「目醒め」の両方は握れません。

「現実」に意味を見出だして、生き甲斐を得るとか、誰かのためにとか、引き寄せをしたいとかこういった人間的な「欲」と「感情」と「目醒め」は反対のところにあるからです。

人間としての「生き方」をすべて完了させて、もう充分というところまで満足をして人間を卒業していくのです。

人によっては「もう人間は充分、もう嫌なんです」という方もいます。

今はそれで良いでしょう。

けれど、人間としての生き方もわたしたちが選んだことです。

「統合」を起した先で、「人間として生きた自分を丸ごと愛しい」と感じて欲しいと思います。

まだ人間ドラマに未練があるならば

いよいよ人間として生きて来た歴史を終わりにする時がきました。

もし、まだ「もう少し人間をやってから完全なスタートラインにつきたい」と思っているのならば、この方法はいかがでしょうか。

統合とは少し離れますが、「急がば回れ」です。

わたしたちの歴史はどの時代も人間ドラマ満載です。

魂は死なないので、たくさんの体験がしたい、感情や現実で遊びたいと「あるがままの中立の出来事、ものごと」に感情を乗せて望んだまま自由自在に体験しました。

例えば、

「目の前に熱々のステーキ」があります。

ある人は「なんて美味しそう」と舌鼓を打ちます。

またある人は「お肉を食べるなんて野蛮きわまりない」と思います。

またある人は「こんなゴムみたいなまずい食べ物はない」と思います。

このように「ステーキ」という中立なものに、私たちは自由自在に感情を乗せて体験を楽しんでいるのです。

この遊びを一気に終わりにします。

わたしはこの遊びを終わらせるのに「実際の映画とドラマ」を使いました。

だらだらやらないためにも、一定の時間でやりきると決めます。

目的は「人間を卒業する」ということです。

自分の軸がなく、周りや環境に振り回される、人をコントロールしたい、悲しみ、怒り、憎しみ、愛憎、執着、恐怖、喜び、特別感、こういったことを映画やドラマのスクリーンに突っ込んで視るのです。

この時は統合は一切しません。

ただ映画とドラマの主人公になり、激しい感情に振り回されヘトヘトになってみます。

わたしは朝から夜までさまざまな映画とドラマを見続けました。

「ずいぶん激しいね」と言われたこともありましたが（笑）、目的は「わたしが人間を終わりにするため」だから誰に何を言われても構わないのです。

まだまだ目醒めの手前、「統合」の基礎の第一段階にもいないわたしには、このくらいの荒療治も効果的でした。

約3週間ほどこれを続けたわたしは、短い期間に何十人もの人生を生き、あらゆる感情を使い回し、本当の意味で「もう充分へトへト」という人間完了のスタートラインにつきました。

すべての人にこのやり方が当てはまるとは思っていませんが、もし「何かまだ少し」と思うのであれば試してみる価値はあるかもしれません。

感情を使うドラマをやめる

わたしたちはもう充分に人間ドラマをしてきました。

生まれ変わりの記憶を持っている人もいるように「魂」は死にません。

もし仮に、この魂は一度しか生まれることがなく、あとは消滅してしまうのならば、宇宙にはなんの成長もありません。

その目線で見れば、戦争で人生のすべてを闘いに明け暮れる人々、生まれてすぐに亡くなる命、病気で一生を過ごした人など、「絶望・不安」というものしか感じない人生は、たった一回の人生をも存分に生きられなかった「気の毒な命」ということにしかなりません。

それでは、なんの学びもありませんし、宇宙はただの無慈悲な存在です。

そうではなく、わたしたちは輪廻を通して大いなる魂の計画と宇宙の無償の愛の元で、ありとあらゆることを経験し体験しているのです。

古代ギリシア時代、アメリカ南北戦争は兵士として、戦国時代は農民で足軽に、貴族や仕事に大成功した経営者として、時には何不自由なく深窓の令嬢として。

ただ、シチュエーションが変わりました。

肉体と取り巻く環境だけが変わり、使う感情はいつも同じです。

何かを見てうらやましいと思い、愛する人に執着し、自分のものを人から奪われるのではないかと怯え、幸せのうしろにはいつも影が潜んでいるという具合にです。

この生き方を完全に終わりにして行くのが「目醒め」です。

喜怒哀楽を感じて、努力して何かを得て、いつも闘っているのが人間の生き方であるならば、「統合」は人間を終わらせることです。

もし、あなたがまだまだ、人間としての喜怒哀楽を楽しみたい、でも「目醒める」と決めているのであれば、一つは先ほど記したドラマや映画でたくさんの人生を体験してこられてください。

そうして数週間後にまたお会いしましょう。

わたしは「決めていたつもり」だったので人間ドラマに未練がありました。

つまり、現実に対して「あーでもない、こーでもない」とグダグダいう生き方です。

これがあると、「目醒め」と「現実」を両方握ることになってしまいます。

あなたが「本気で目覚めたい」と思うのならば、一旦、ありとあらゆるものを手放さないといけないのです。

将来的には「人間として」の喜びや感謝、楽しみまで、自分の目の前に置いて精査する時がきます。

その時に人間ドラマを終わらせていないと「でも家族の喜ぶ顔が見たいんです」「すべて楽しみながら目醒めていけませんか」となります。

「目醒めの道」は人間としての生き方（ドラマ）をすべて終わらせてこそ、スタートにつくことができます。

「人間の感情をやめる」これが「統合」の最初の一歩です。

今になると、どうして過去はあんなに重たい生き方を好んでいたのかと不思議に思います。

「わたしが創った現実」とは

「この世界はわたしが創っている」という言葉があります。

「わたしは望んでいないのに、どうしてわたしはこんな世界を創るんですか」とか「主人の病気も子供の病気もわたしが創ったんですよね」などのご質問をいただくことがよくあります。

「わたしが創った世界」には「自己責任」という少々重たいエネルギーがあり、気持ちを重くさせます。

「わたしが創っている現実」とは悟りの世界での言葉です。

この言葉をしっかりと腑に落としたのは、わたしが目醒めてしばらくしてからです。

目醒めにも段階があります。

この段階をしっかりと超えて、目醒め続けたある時に「この世界はわたしが創っている」と知ります。

そのもっともっと先の悟りの道で「何も起こっていない」ということも解ります。

本当の意味で「世界はわたしが創っている」ということを知ると、あなたの世界は「すでに天国で、美しく愛しい世界」だということを想い出します。

今は一旦「わたしが創った世界」という言葉を横に置いてください。

あなたは「平和で愛で安らぎであること」へと戻る途中です。今はあなたは自分の統合のことにだけに集中してください。

あなたの準備が整うと次のステージへの扉が自然に開きます。

「この世界はわたしが創っている」ということを、あなたがしっかりと腑に落とした時に広がるあなたの世界は、純粋な愛があふれていることを知り、涙するかもしれません。

その時を楽しみにしていてください。

限りなくどこまでも自分へと一致して、本質の愛へと近づくから「統合」には終わりがなく楽しいのです。

第3章

ZEROの状態でいる

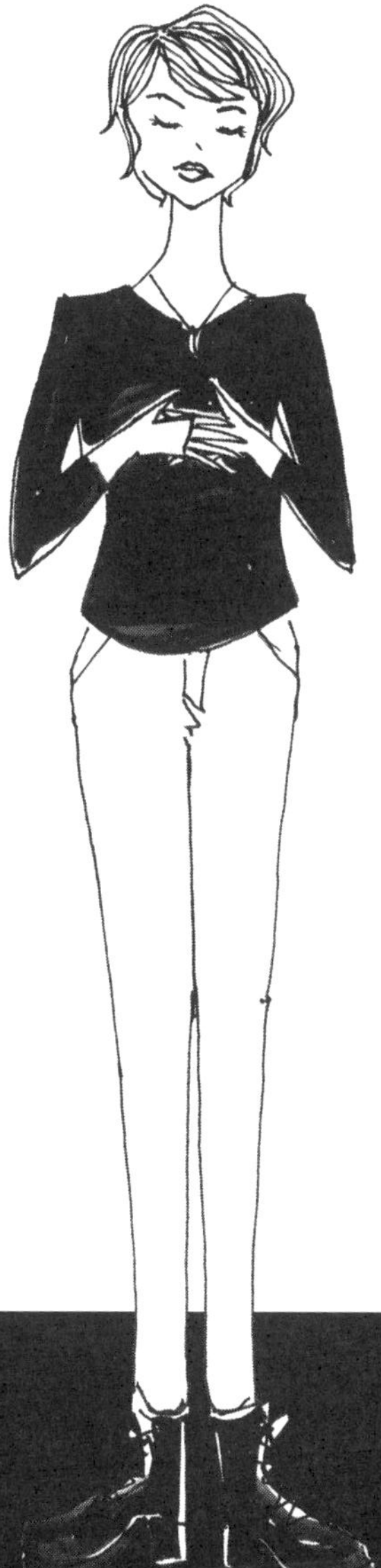

「統合」は究極の心理学でメンタルトレーニング

わたしは心理カウンセラーの資格を持っています。

その角度から視ても「統合」は究極の心理学でメンタルトレーニングだと考えています。

成功者や企業の重役の方の中には「自分のマインドを自分でコントロールする、マネージメントする」ことを行っている方が多くいらっしゃいますが「コントロールする」「マネージメントする」と決めてしまうと、いつもコントロールをし、マネージメントしようと意識が向きます。

例えば最初は怒りを「コントロール、マネージメント出来た」と思っても、それを繰り返すので、こんどはいつコントロールすべき怒りがやってくるのかと身構えるようになり、いつも緊張モードになります。

さらに「コントロール、マネージメント」の手法は感情がどこからきたのかを思考で分析をするので、永遠に分析、コントロール、マネージメントを行なうことになり、尽きることがありません。

ストレス耐性なども同じです。

わたしたちは分析をして、理屈で考えることが大好きです。それで何か解決したような気持ちになります。

けれど、多くの企業や、学校でもこういった感情のコントロール、マネージメント、ストレス耐性、メンタルヘルスの講義など行われても現状は変わりません。

感情のカラクリは解っていますので、ただ「手放す・受容する」それだけで解決します。

思考を使って分析する必要も、マネージメントもコントロールも必要なく、ただあなたの本質へと変容すれば良いのです。

メンタルヘルスは心が平和でいることからはじまります。

試しに実験をしてみましょう。

最近あった「嫌だったこと、不快だったこと」を想像してみてください。

そしてその感情が今、あなたの身体の、どのあたりから沸き上がっているか視てください。

みぞおちの辺りかもしれません、胸のあたりかもしれません、そこに手を置いて嫌な感情を手の平でぐっと引き出して、「置いといて！」と横に置きます。

どうですか。

少し、軽くなりませんか。

不快な感情はあなたのものではなく、まるであなたの一部のように自分の中にあっただけだとわかりましたか。

不快な感情は取り外しができるという証拠です。

この手法で不愉快な、不快な心地の悪い感情を着々と手放していく、そして空いたところはわたしたちの本来の愛や優しさという満ちた感情で埋められていくのです。

いつも何をしてもしなくても落ち着いて、満ちて、豊かであり続けること、あなたがそのエネルギーを発し続ける、あなたが整った心でこの現実を視るから現実も整っていくのです。

政治や経済を見ても解るように、もうがむしゃらに働いて、市場を見て生産性を高めて、という時代は終わりました。

会社も組織も在り方を変える時です。

新しい時代の会社や組織は「目的と、志が同じ仲間があつまり協働していくこと」が大切です。つまり、これまでのように持ち回りでいろいろ部署を移動して全体を把握していくなどではなく、それぞれが自分の持ち場で最大限に創造をしていくのです。

例えば、服のデザインが得意な人、型紙に起こすことが得意な人、縫製することが得意な人、とそれぞれの得意分野を活かします。

そうして、自分の仕事に固執するのではなく、出来上がったものがどうかに意識が向く、チームで良いものができれば良いという考え方に変わるのです。

好きなことを存分にして、協働していくというお互いの仕事を尊重できる仕事の在り方がこれから発展していく会社です。

学校も戦後の体制をとっているので、新しい魂を持った子供たちが枠に入らずに変わらざる得ない時を迎えています。

変わらなければいけないのはわたしたちです。

これまでわたしたちにはいつも答えは一つしかありませんでした。

学校には規則があり、その規則に添うこと、勉強もいつも答えは一つだけ。

クラブ活動にもルールがあり、夏休み中は自分で宿題の時間、読書の時間とスケジュール、ルールを作りその中で生活をしました。

社会に出ると会社の規則、ノルマ、いつも答えは限られています。

自然に誰かに答えを求め、答え合わせをする癖がしみついています。

誰かがどこかで自分が求める答えを言ってくれるんじゃないか、誰かが自分が知りたかったことを話してくれるんじゃないか。

けれど、あなたの真実はあなたの中にしかありません。

誰かはあなたが真実を探すヒントを教えてくれるかもしれませんが、それはその方の真実です。

揺るぎない、しっかりとしたあなたの軸が出来上がるからこそ、あなたは自分の真実を自分で知ることができるのです。

あなたのその一歩は着実な一歩です。

「あなたの真実で生きるため」それが「感情を一つに整えていく統合」を起す最大の目的です。

「統合」に終わりはありません

今はあなたにとって「統合」は、生活に取り入れたばかりで、なんとか自分に馴染ませようと頑張っているかもしれません。

癖になるまで、自分の中にしっかりと落とすまでが訓練です。

そこを超えると「統合」を起こしていくことは生き方になります。

わたしはもう「統合」禁止と言われたら「早く肉体を脱がなくちゃ」と思うくらいに「統合」と共にあります。息を吸うように当たり前に24時間自分の感情を視ています。


どうしてそこまでと思いますか。

「統合」を起こしていくことでわたしはわたしは「肉体を持って可能な限りの無条件の愛である自分へ向かう」ことができるからです。

わたしの一瞬一瞬が、自分の本質の愛へと向かう。もうここにしか意識が向きませんし、何より「統合」を起こした時のスッキリとした状態に慣れているので、ザワザワとした異物が心に入り込むのが気持ち悪いのです。

聖者と言われる方々も「個」があります。

源から分離した「個」つまり「個人」「個性」があるうちは、不快な居心地の悪いものではなくても、ささやかな何かに「わずか」にでも揺れます。

だからこそ、「自分がより源の意識」つまり「純粋なスピリット」へと戻るためだけに「統合」を起こします。

今この瞬間よりもさらに純粋な本質へと向かう。

その内なる喜びの中で終わりがきたら、わたしは「つまらない」と思います。

古くは仙人や聖者は、波動を上げることでエネルギーが広がるので、肉体には留まれなくなり、遂には肉体を脱ぐしかなかったのです。

今は肉体を維持しながら、これまでには視ることの出来なかった景色を視られるのです。

どこまでも「あなたがなりたい波動で在ることができる」という恩恵を受けられる時代です。

あなたは遠慮なくどんどん手放していってください。

さぁ、それではステップを踏みながら「目醒め」への光の階段を上がっていきましょう。

目醒めのステップ①　〜完全なるスタンス創り〜

「統合」を起すにあたり、とても大切な基礎のスタンスがあります。

基礎というのはうっかりすると見過ごされてしまいます。

わたしたちはつい先へ先へと気持ちが急ぐのです。

しっかりとした基礎があるからこそ、高い強靭なビルが建ち、台風が来ても、地震が来ても揺らぐことはありません。

「統合」も同じです。基礎がしっかりとしてこそ、あなたが創る光の階段を着実に上がることができます。

「統合の基本のスタンス」とは

①ゼロの状態でいる（落ち着いて、冷静でいる）
②現実の全てを使って統合を起す
③100％決めること・100％意図すること

というこの3つです。

①ゼロの状態でいる（落ち着いて、冷静でいる）

「ゼロの位置、ゼロの状態、ゼロポイント」が何よりも大切です。

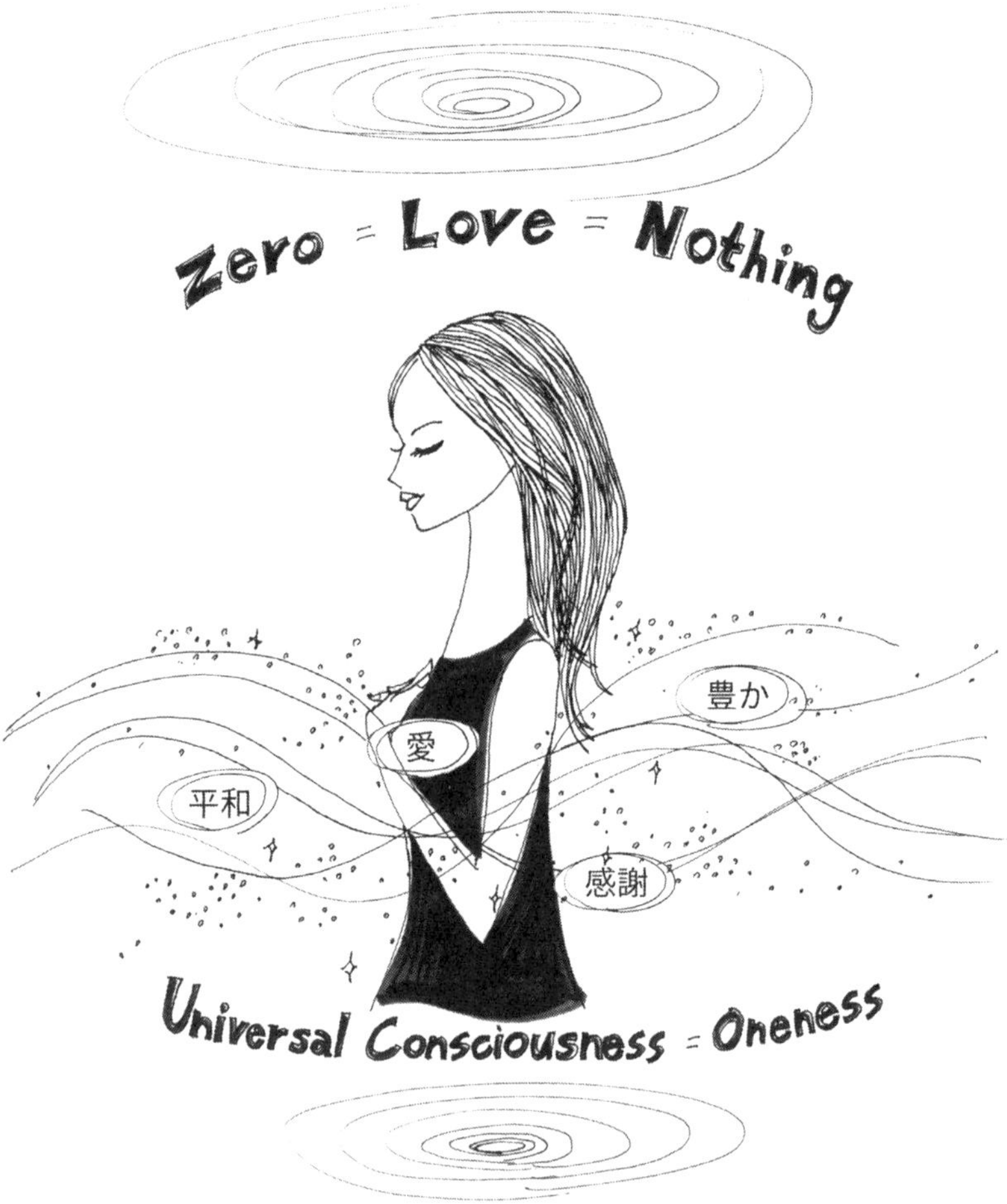
Zero = Love = Nothing
豊か
愛
平和
感謝
Universal Consciousness = Oneness

わたしは安定し落ち着いていることを表すのに、「ゼロの状態」という言葉を使っています。

ゼロとはテニスでいうLOVE　愛です。

そしてNOTHINGナッシング　何もない、空であること。

宇宙、宇宙意識はゼロです。

宇宙意識は英語でユニバーサルコンシャスネス。

ユニは一つ。

コンシャスネスは意識。

つまりOneness ワンネス　単一性、ひとつであるということです。

ゼロ＝LOVE（愛）＝NOTHING（何もない、空）＝宇宙意識（ユニバーサルコンシャスネス・一つの意識）＝Oneness ワンネス（単一性）

そして、０にはどこにも隙間がありません。

あなたがゼロの状態でいることは「愛でワンネス」であることです。

ゼロはあなたの心の状態です。どこかにあるゼロを引っ張ってきてその上にそーっと乗るのではなく、あなたの中にすでにあるものです。

あなたが落ち着いて、リラックスして、冷静でいることがゼロポイントであることです。

この落ち着いた平和で冷静な状態だからこそ、手放す準備のできた古い感情はモヤモヤ、ザワザワとした心地の悪さで感じ、本来の周波数へと変容することができるのです。

リラックスを求めて

ゼロでいることが「リラックス」だと解ってから、わたしはゼロを常に探し、求め続けました。

宇宙はゼロです。

もともとわたしたちはゼロの意識でいたのです。

「人間として生きる」ためには何よりも落ち着いてリラックスしていることを忘れることが大前提でした。

かつてホピ族ではシークレットという隠語でゼロポイントが伝えられていました。

2019年の夏に2週間、ペルーへ巡礼に行きました。その際、同行してくださっていたホピ族の叡智を伝えている方が「シークレットにいると人はセンター（ハート）と繋がる、センター（ハート）にいるから宇宙と繋がる、そして螺旋を描いて上がっていく」と言っていました。

けれど「人はセンター（ハート）にいないと上がらない」と言っていました。

ゼロの状態は古くから他に漏らしてはいけない「シークレット」として伝わるほどに「わたしたちが自分の叡智へアクセス」するための大切な鍵だったのです。

シークレットはゼロの状態、

センターはハートです。

わたしは毎日3分おきほどにゼロポイントを探しました。

「落ち着いて、冷静で平和でリラックスしていること」だけを追い求めました。

ゼロの落ち着いた状態になり一瞬は平和な感覚になりますが、数分で落ち着きがなくなり、思考が動きザワザワします。

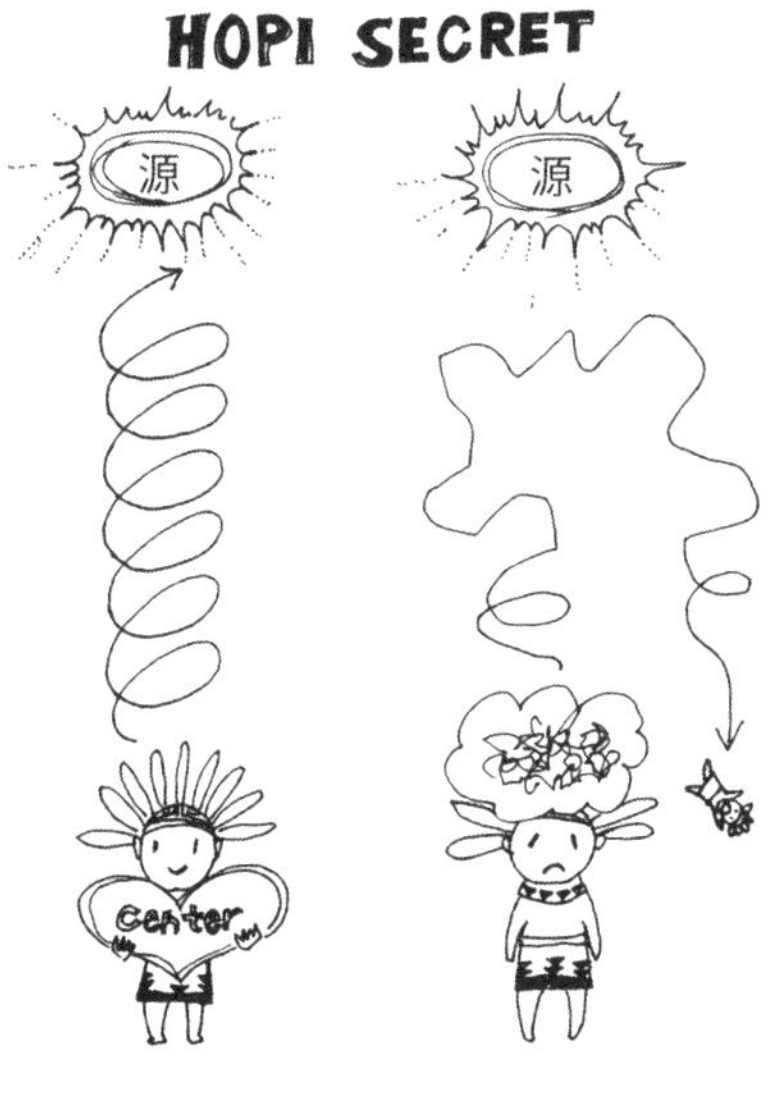

そうしたら例え掃除機をかけていても、一からゼロの状態を探しました。揚げ物をしていても、洗い物をしている時でも立ち止まってゼロを探しました。

時には一人でカフェに行きました。

周りで打ち合わせをしていようが、マダムたちがランチやおしゃべりを楽しんでいようが、わたしの目的はその中でただ自分のゼロであること、落ち着いて、平和、冷静であることだけです。

時間の許す限り一人旅にも行きました。

一人旅はおすすめです。

一日だけでもいいのです。

一人の自分は周りからどう思われるのかと外向きの意識がでてきます。

食べたいもの、行きたいところに今までいかに「誰かと一緒に」をしていたのか解ります。

一人旅は自分と向き合う作業です。

「今回の旅でどれだけゼロにいられるか、手放せるか、統合を起こせるか」ということだけに意識を置きました。

「統合」は魂の自立の道です。

いつも落ち着いている、冷静でいる、平和で、安定しています。

自分で考え、自分で答えをだし、迷わずに、いつもスッキリといます。

一人でいても平和で満たされているから、誰かといても平和で満たされます。

周りに振り回されて動揺しません、人の顔色をうかがうこともありません、うわさ話に参加することもありません。

あなたがゼロの状態でいることは「目醒める時」にあなたのコクピットになります。

静かでリラックスした中である時、あなたのハイヤーセルフは目醒めるのです。

今この瞬間から「安心して落ち着いて冷静でリラックスしていること」それだけに意識を向けてください。

目醒めのステップ② ～完全なるスタンス創り～

②現実の全てを使って統合を起す

現実に意味を見出だし、振り回されて、いつも風見鶏のようにくるくる回っているのがわたしたちの生き方です。

「自分の軸で生きよう」と決めたのならば、まずは「どんな現実を視ると自分の中が揺れるのか」を知って、手放していくことが大切です。

そのためには「現実のすべてを使って統合する」と決めることです。

現実は「あるがままで、中立」です。ただ出来事が起こっているだけです。

つまり、何が起こっても、あなたの感情が上がってきているだけです。

まず統合を起す癖をつけていきます。

右利きを左利きに直すように最初は細心の注意を払い、行動をする前にしっかりと決めることが大切です。

歯を磨くのも、お風呂に入るのも、電車に乗るのも、会社に行くのも、仕事をするのも、スーパーに行くのも、子供のお世話も、すべて自分の中で揺れる心地の悪い感情を手放すためにします。

揺れる感情つまり『心地の良くない感情』をしっかりと捉えることと、統合をセットにしてこれらを当たり前にしていくための癖付けです。

例えば、歯磨きをするのに、歯磨き粉が少ししかない、お風呂が想像以上に熱かった、掃除したはずなのにもうカビが生えている、電車に乗ったら人と肩があたった、こういうことを見逃さないで捉えていくのです。

「わたしはイライラもしないし、なんでも楽しいって思えるんです」

では階段から足を踏み外したら、「あっ」とビックリしたと心が揺れませんか。

聖者たちも今も24時間統合を起しているのです。もちろんわたしも24時間統合モード全開です。

あなたに揺れる感情がない訳ありません。

むしろ揺れるものが何もないほどあなたが整っているならば、あなたは地球に存在する必要はないでしょう。

今は流してしまっていた「心地の良くないネガティブな感情」を捉えていくことが訓練です。

癖にさえなれば、コツさえ解れば「統合ほど楽しいこと」は他にはありません。

日常の生き方に落としてこそ、本当の意味で統合が起されていきます。

瞬間瞬間を見逃さないで、今上がる周波数をすぐに統合していきます。

そうすることで「あなたの足元に光の階段が創られる」のです。

一瞬一瞬を丁寧に扱って統合を起こし、着々と平和なあなたに還り、この世界で感情を体験し経験するという目的が終わります。

その静けさの中で「目醒め」が起こります。

現実のすべてを使ってまずは大きな心地の悪い、ネガティブな感情をしっかりと統合していきましょう。

生活のすべてを統合するためと切り替えてください。

なにがあってももう何も恐くありません。

大きく感情が揺れても大歓迎です。

だって全部統合するためですから。

ゼロの状態でいるからこそ、現実を視ても「ムカつく、不安、恐い」と言語化されず、すでにわたしたちの中に取り込まれ装着されている「不快な感情」が重さで上がってきます。

つまり、現実を視て上がる「不快な感情」は「ザワザワする」とか「もやもや気持ち悪い」「グッと掴まれる」と感じます。

この「不快な感情」を、言語化されないゼロの状態で手放していくことが大切です。

この「基礎」がないと「感じてから統合して単に毎回ゼロの状態に戻るだけ」のただ「毎回感情を感じている辛く苦しいワーク」になってしまいます。

朝1時間統合のワークをして、夜は2時間統合のワークをして「日中はネガティブな感情を感じっぱなし」ではなにも進みませんし、ただの自己満足の儀式にすぎません。


あなたは今日から統合するために出勤し、統合するために仕事をします。

統合するために営業先に行き、統合するためにクライアントと話をします。

統合するために実家に行き、統合するために話を聞きます。

料理も片付けも、日中行うすべては何もかも「統合ファースト」と決めて生活をします。


目醒めは「片手間や趣味では起こりません」。

あなたは「目醒め、悟り」を得たいと過去から何度もチャレンジしてきたのです。

それならば完全に生き方を変えていかねばなりません。

ゼロを忘れて、神である自分をこれほどの集中力を持って忘れたのです。

わたしにはもう人間として生きることの方が恐く思えます。

リラックスして、安心できる、落ち着いたゼロの状態を忘れて、毎日誰かにこう言われた、こんな酷いことがあった、ツイテナイ、頭にきた、と人間の生活をしている皆さんはわたしから視ると「勇者」です。

すべての鍵はリラックス

いつも落ち着いている、冷静でいる、平和で、安定して、つまり「リラックス」していることが大切です。

リラックスはわたしたちにとって、とても遠いものです。

「たまにはリラックスしに温泉へ行こう」という雑誌の特集があります。

美容院やマッサージに行くと「今日はリラックスできましたか」と問われます。

そのぐらいわたしたちには「リラックス」がありません。

リラックスして落ち着いている状態は、あなたの意識がきちんとハートにいて、宇宙と繋がっているサインです。

このゼロの状態にいれば、どんな感情も何も苦しさを感じることなく、ただの重たい周波数として手放せるのです。

そうでないと感じてゼロに戻るのを繰り返し、どうしたらこの苦しさから逃れられるのか、この苦しみを与える現実から逃れたいと、現実を変えるための統合を起こしては「自分を整える、目醒める」どころではなくなります。

今からなにがあってもあなたはいつも落ち着いて、冷静で、平和で、安定して、リラックスしていてください。

それでは、早速あなたのゼロの状態を想い出す誘導瞑想を行っていきましょう。

四位一体でゼロの状態を想い出すワーク

源[注1]、ハートのハイヤーセルフ、あなた、地球で四位一体です。

あなたは源とハイヤーセルフと地球に護られてこれから過ごしていきます。

～四位一体のワーク～（音声ワーク1）

脳に思考というシステムがあります。この思考の指揮をしているのが「意識」です。

この意識は脳の中で右脳に一つ、左脳に一つとわかれて思考を動かしています。

この意識を頭の中心に持ってきてそのまま、ハートへと降ろしてください。

ここに意識を置いて、ハートから動かさないでください。

注1）宇宙を生み出した万物創造の神

これまで生きてきた中で、あなたのお気に入りの景色を想い出してください。

景色が思い浮かばなければ心地良い光でも良いでしょう。

その景色の中で「わたしの最高の絶景ポイント」に向かってゆっくり歩いてください。

そこで頭の上、身体の周り、足元を体感します。

頭の上は広がっている、どこまでも上に伸びていく、もしくは何もない感覚はありますか。

身体の周りはどうですか、誰もいませんか。

もし誰かいたら大事なパートナーも大切なお子様も、可愛いペットも外に出てもらってください。

あなたのエネルギー場はあなたで確保しなければいけない宇宙のルールがあります。

足元を視てください。

足はしっかり地球についていますか。もしフワフワしていたら何回か足踏みをして地球を感じてください。

今思考が動いていないですか。

ハートに意識を向けてください。

ハートがどのようになっているかを確認します。

落ち着いているか、冷静でいるか、安定しているかを確認してください。

さらに四位一体の垂直軸を創っていきます。

あなたの足元には地球があり、その中心にはレディ・ガイアがいます。

地球の中心でレディ・ガイアがあなたに微笑みかけているのを視てください。

あなたのハートチャクラには本質のあなた、その上には光輝く源があります。

源から直径240センチの円柱状のクリスタルで出来た筒が、まっすぐに降りてきます。240センチの円柱状の筒は、だいたいあなたのオーラを包み込む大きさです。

この筒はあなたを通り、地球の中心のレディ・ガイアまで降りていきます。

この筒の中をレディ・ガイアと源のエネルギーが行き交います。

まずはレディ・ガイアから美しいエメラルドグリーンの地球の無償の愛の癒しの光がまっすぐあなたに向かって上がってきます。

光はあなたの足から入り、あなたの細胞一つ一つを癒し愛で満たしていきます。

あなたのオーラにもエメラルドグリーンの光が広がります。

そうしてあなたのハートを無償の愛で満たします。

地球にきてから今日までずっと、あなたはレディ・ガイアと共にありました。

源
SOURCE
LADY GAIA

あなたはずっとレディ・ガイアの愛に護られていたのです。

こんどは源からゴールドの光がまっすぐに降りてきます。

あなたのクラウンチャクラ[注2]から本当の親である源の無条件の愛があなたを満たしていきます。

源の豊かさ、揺るぎない愛、許し、調和、神である自分を感じてください。

源はあなたの本当の親です。あなたを今日までずっと見守り続けてきました。

もう一度行います。あなたの円柱状の筒の中を地球と源のエネルギーが行き交います。

レディ・ガイアと源のエネルギーを感じたら、
この体感の中で、あなたは自分のハートの状態をもう一度視てください。

リラックスしていますか、落ち着いていますか、安心していますか
この状態がわたしのゼロの状態だと、１００％決めてください。

そしてあなたを中心に天地が繋がれているとしっかり意図をして、この体感のまま目を開きます。

今どんな状態、感じ、体感がありますか。

安心している、落ち着いている、どっしりしている、安定している、気持ち良い、

注2）クラウンチャクラ　頭頂にあるチャクラ

スッキリする、なんでも良いのです。

それがあなたのゼロにいる時の体感、感覚です。

このワークを2度3度と繰り返して、自分のゼロの感覚を広げていって揺るぎないものにしてください。

何がなくともゼロの状態、これが最初の大切な一歩です。

目醒めのステップ③～完全なるスタンス創り～

③１００％決めること・１００％意図すること

先ほどの誘導瞑想でもお伝えしたように、あなたが「１００％これがわたしのゼロの感覚だ」と決めることが大切です。

「決めること、意図すること」で統合は起こります。

誰かが「大丈夫、それがあなたのゼロの感覚だよ」と伝えたとしても、あなたが、「いや、違う」と決めてしまえばそうなってしまいます。

「感情を整えて統合を起こしていく」ことは、あなたのエネルギーの中で行う作業なので、統合が起こったら身体がキラキラ光るとか、金粉が降るとかではないのです。だから自分で「自分を100%信じる」「100%の意図の元で行う」ことが何よりも大切になってきます。

わたしのゼロの状態だと決める、この感情はもう使わないと決める、本質の光を受け取ると決める。

これがわたしの真実だと決める。

統合が起こったと決める。

「自分を100%信頼して決めること」それこそがあなたの真実に繋がる鍵です。

統合は必ず落ち着いて、冷静な「ゼロの状態」で行います。

ゼロの時、わたしたちの意識はハートにいます。

ハートにいるから宇宙と繋がり螺旋を描いて上がります。

あなたがこの状態がゼロだと100%決めるから、100%手放すことができて、100%の本質の無条件の愛の光が戻り、100%の統合が起こります。

あなたができているかどうか解らないと、20%、30%しか決めていないと、それ相応の統合しか起こらないのです。

一回一回の「統合」を大切に現実を丁寧に扱っていきます。

基礎をしっかりと整え、着々と統合のステップを上がる。

これが将来的に「自動統合」へと繋がります。

自分を信じることを忘れた神は「自分を信じる」ことで再び「神に戻る道」を歩き始めるのです。

エゴの役割と眠った生き方とは

本来のもともとのわたしたちは「愛と調和」という重厚な波動で、ただゆったりと揺らぐ意識でした。

それは「源」と呼ばれ、すべての親であり、無条件の愛に満ちた意識体です。

源から生まれていないものは宇宙には存在していません。

「源」は「愛、調和、平和、安心、感謝、喜び」という周波数で揺らぎ、そこには「好奇心」という駆動力（エンジン）がありました。

好奇心（エンジン）はただゆったりと揺らいでいるのに飽きて、たくさんの経験体験がしたいと宇宙と星々を生みました。

星々に自分の分身を現してから何億万年を過ぎ、もっともっとたくさんの経験がしたいと、地球を生みました。地球では極を体験することができるのです。

あなたは源から、地球でどのような体験が出来るのだろうとワクワクして降りてきましたが、まだまだとても地球の波動は高く、低い周波数を体験することは難しく、あなたは地球に留まることができませんでした。

そのためにあなたは自らもう一人の自分である「エゴ」を生みました。

「エゴ」は欲望と執着を原動力にして「罪悪感、無価値感、恐怖」という大きな荷物と「思考というコンピューター」を抱えてあなたが譲った席に座りました。

そうして「3次元で人間としての感情を存分に使って遊ぶ」と決めた「エゴ」を見届けて、あなたは長い眠りにつきました。

源の意識に近い「ハイヤーセルフ・高い資質」であるあなたが眠り、「3次元を生きるためのエゴ」が起きている今の状態を「眠った生き方」と言います。

そこからわたしたちは何百、何千という輪廻を通して、人間ドラマを肉体を持って体験してきました。

ゼロの状態を忘れ、出来ない、無理、恐いという感情を持ち、無力な人間として生きたいと言ったから、エゴはその約束を片時も忘れずにいてくれました。

何百、何千回の輪廻を通して「肉体と思考を自分だ」とわたしたちは思い込んできたのでしょうか。

現実を視て細かくなりすぎた感情は、とうとう「絶望」という自らの人生を自分で終了させる「自死」へ向かう分離の底辺まで落ちました。

もうこれ以上分離してしまうと、わたしたちはもちろん、それを受け入れている地球も破滅へと向かいます。

その中で、宇宙のサイクルの元、わたしたちはまた一つへ戻る時がきました。

来た道を戻るのです。

分離し尽くしたあらゆることを、ただ一つの無条件の愛へと統合を起していく時がきたのです。

その過程であなたが「愛、調和、平和」という本質のあなたの軸へと整い始めると徐々に本来のあなたである、源に近い意識のハイヤーセルフがあなたの中で目を醒ましてきます。

ある時にすべての準備が整うと、静寂な深い感情の中で「本質のあなた」は目を醒まします。

あなたは目を醒ます時に、ハートの奥でエゴと座席を乗り換えます。

その後、ハイヤーセルフのあなたにエゴは抱きしめられて安心してこれまでの役割を終えて、あなたの愛しい「個性」へと変容していきます。

地球で一人で頑張っていた「エゴ」があなたの愛の中に溶けていきます。

その後「エゴ」はほとんど暴れることはありません。

あなたの中の「個性」は「目醒めた」後のあなたの人生を一緒に楽しむ存在となりこれからの長い時間を共に生きていきます。

来た道を戻る

たった一つの愛そのものの意識がここまで眠りました。

たくさんの国、人種、言語、宗教、たった一つの意識は、ほぼ同じ道を通って降りて分離の限りを尽くしました。

戻る道は同じです。

来た道を戻れば良いだけです。

そこを複雑にしていくのが思考です。

本当はとてもシンプルなことです。

現実を視て細分化した感情を、現実を視ることでただ統合して、一つの愛、平和へと戻していくだけです。

コツさえ掴めば極めて単純で解りやすい仕組みですが、たくさんの罠を仕掛けているのも本当です。

わたしがお伝えするのは基礎とコツとポイントです。朝は何時間統合をして、一日何回ゼロの状態になって、日中はこうしてああして、など細かいことはお伝えしません。

あなたはいつもスッキリとしながら来た道を戻っていくのです。

自分を想い出す作業はとても楽しい体験です。

思考と感情の遊びを終わりにしましょう。

それがあなたをここに引き止め続けるのです。

それではあなたを想い出すための道を歩きだしましょう。

感情を整えて「その先」を定めること～統合のステップ～

統合を起す上で大切な「基本のスタンス」は

①ゼロの状態でいる（落ち着いて、冷静でいる）
②現実の全てを使って統合を起す
③１００％決めること・１００％意図すること

これが「基本のスタンス」です。

目醒めのステップ④ ～統合のその先～

これを踏まえてわたしが何よりも大切にしていることは「統合を起こしたその先」

です。

統合を起した先で、あなたが「どのような周波数で在りたいか」です。

「感謝、愛、調和、祝福、平和、豊かさ」何でも良いのです。

あなたがどのように存在したいか。

それがこれからあなたが発するエネルギーになります。

この目標がしっかりしないと、なんのために「統合」を起しているのか解らなくなります。

「統合の迷路にはまり、現実に意味を見出だしたり、誰かを変えるための統合をしたり」とわたしたちはたくさんの罠を自分で自分に仕掛けています。

目的地がはっきりしていないと、いつの間にか自分で仕掛けた罠に軽々はまります。

意識が上がり感情が整った時に「わたしは愛、感謝、喜び、平和で存在」するのだと決めれば、すべてはそこをベースにした行動になります。

わたしは統合を起こして「愛と調和だけで存在する」と毎回宣言をしました。

ここはあなたがしっくりとくる言葉で構いません。

統合を起こし「あなたがなりたい状態」を宣言し、その意識で在り続けると決めます。

「あなたがなりたいと決めた高い資質」はイライラしないし、批判やジャッジはしません。

誰かの学びに口を出して、その人の人生をコントロールしようとはしません。

宇宙には出した物を受け取るというエネルギーの法則があります。

花も木々もわたしたちを癒すためにそこにあるのではなく、純粋に高い波動でそこに在り続けています。

ただ高い周波数を発し、その結果わたしたちを癒します。

彼らはただ「在るだけ」です。

あなたも同じエネルギーの存在です。

どんなに取り繕ってもエネルギー、波動、周波数だけは嘘がつけません。

だからこそ統合のその先を毎瞬毎瞬決めてください。

それがあなたのハートにしっかりと落ちて、あなたを取り巻くエネルギーになります。

あなたは目醒めて、ただあなたの望む周波数で在り続ける。

それだけでどれほど人を癒し、救うのか、あなたが自分の中を純化していくことがどれだけこの世界へのギフトになるのか知ってください。

あなたの魂が望むこと

あなたも「自分の使命や役割」が気になりますよね。

わたしたちは存在そのものが祝福なのに、さらにそこに意味を見出そうとします。

つまり「わたしは他の人にはない使命や役割があるんじゃないか」ということです。

この世界は使命や役割がないと、自分には価値がないと思い込ませます。

認めてもらうこと、賞賛されること、やりがいを感じること、目標があること、結果を残すことが自分の価値になります。

良い点を取ったら褒めてもらえる、お利口にしていたら褒めてもらえる、誰かにすごいねと言ってもらえる、会社でノルマを達成したら表彰される、ありがとうといってもらえる、「認められること」は当たり前に日々感じていることです。

結婚、家、学歴、車、ブランド品、人間関係、名声、富、こういったものを手にすることで自分が認められる、満たされる。

けれど、この外からの評価を期待するからこそ、望み通りになれない自分に対して無価値感を感じて、焦り、嫉妬をし、憎しみという人間ドラマへと入っていきます。

人間として生きるために「感情」を細分化させて、現実をどこまでも複雑にしました。

もうこの生き方は終わりました。

外になにかを求めても、あなたを埋めてくれるものはありません。

望むことが現実になり、あなたはいったん「ほっ」とするかもしれません。けれど、すぐにまた空っぽになり、あなたはもっと自分を満たしてくれるものを求めます。

このやり方が正しかったのならば、この世界はかなりの人が心身共に満たされているでしょう。

でも現状はほとんどの人が怒り、苦しみ、悩み、迷いの中にいます。

あなたの魂が本当に望むことは、あなたがあなたに戻ることです。

わたしたちが自分の神聖さを想い出して、なんの濁りもない純粋さへと戻ることです。

無条件の愛は、あなたのハートの中で眠りについています。

あなたを覆っている鎧を一つずつ脱いでいきます。

今はあなたの中の重たい感情を炙《あぶ》り出して、とにかく荷を下ろすことに専念します。

そのために必要なのはワクワクする好奇心という「シンボル」です。

目醒めのステップ⑤ ～「好奇心」の正しい使い方～

感情を整えていく過程では、好奇心が必要です。

好奇心はあなたの意識が「ワクワクする」「ウキウキする」「幸せ」と感じるようなことです。

言葉はなんでも構いません。

源は愛、調和、平和など「無条件の愛」のエネルギーです。ここに「好奇心」というエンジンがあったので、宇宙を生み、星々を生み、地球を生んだのです。

「好奇心」が「無条件の愛」へと戻るエンジンになります。

だから現実の出来事をシンボルに「好奇心」を発動していきます。

日々「ワクワク、ウキウキ」感じることはありませんと言う方もいるでしょう。

「外国に行きたい、シャンパンが飲みたい、ブランド品が欲しい」日々そんなに強くワクワク、ウキウキするものはないのが普通です。

「アイスコーヒーか、カフェラテか」このくらいの些細なもので良いのです。

電車で席が空いた、「座ろうかな、あと数駅だから立っていようかな」

「夕飯はお鍋にしようかな、湯豆腐にしようかな」

ささやかな感覚をしっかりと捉えていくことが大切です。

これからあなたは、ハートの奥の「本質の無条件の愛」へとアクセスしていきます。

そのためにこれまでは流してしまっていたような、かすかな感情に気付きながら進んでいきます。

ワクワクすることをはじめとした「好奇心」はシンボルです。これを具現化することを目的にしては間違えた道へ入ってしまいます。

例えばハワイに行きたいと思うと、「お金」「家族」「仕事」と不安なことが出てきます。

「お金がない、家族をおいていくなんて、仕事を休めない」などが不安として出てきます。

この不安をしっかりと「統合」し、まずゼロの状態へ戻ります。

今、あなたは不安、罪悪感というものがなくなっているので、軽やかな気持ちになっています。

Pasta or Pizza
ukiuki
HAWAII
Coffee or Tea
Love
Harmony
源
Peace
run run
座る? 座らない??
Good morning!
本質の
無条件の愛
sleeping
pipipi!!!
wakuwaku
Mont blanc
or
Shortcake
CHAM
PAGNE
Tulips
or
Rose

不安がないのでお金は貯金を下ろすこともできます。
罪悪感がないので「一人でハワイに行くね」と家族に伝えられます。
繁忙期でも「仕事を休ませてください」と言えます。
ここから先が大切です。
「統合のその先」です。
あなたの「統合のその先」に意識を向けて、しっくりと腑に落ちる行動をとっていきます。
貯金を下ろすことがしっくりと腑に落ちるのか
家族をおいてハワイに一人で行くことがしっくりと腑に落ちるのか
繁忙期に仕事を休むことがしっくりと腑に落ちるのか
つまり、現実を視て正解不正解ではなく、統合のその先の「自分に一致するのか」で選びます。
その結果、
貯金を今下ろすことが自分に一致しないならば下ろさない
ハワイに一人で行くことが自分に一致しないならば行かない
仕事を休むことが自分に一致しないならば休まない

こう決めたならまた「やっぱり行けば良かった」との思いが出るかもしれません。それをまた統合します。

これだけのものをたくさん手放して「わたしはどうしたいか」という選択を自分の真実で決めたのです。

あなたはきっと「自分の軸が一つできた」と自信を持つでしょう。

統合は生活の中で粛々と行うものです。

毎日大きくワクワクするようなことは普通はありませんがよく観察するとわたしたちの毎日は選択の連続です。

例えば、家事が片付いたから「コーヒーを飲もうか、紅茶を飲もうか」

コーヒーが飲みたいけれど、うちにはない。

この時、もうたくさん統合するものが現れています。

コーヒーを飲もうか、紅茶を飲もうか（迷い）

コーヒーがない、買いに行こうかな（めんどうくさい）仕方ないから（まぁ、いいか）「紅茶」を飲もう（がっかり）

やはりコーヒーを買いにいこう。

コーヒーを買いに出たら雨かもしれません。そうしたらまたそこで不快な感情を統合していきます。

どうでしょうか。

たったこれだけでもわたしたちは「手放す感情の宝庫」です。迷い、めんどうくさい、まぁ、いいか、がっかりなど現実を丁寧に扱い、感情を統合して行きます。

大切なのは毎日の生活で着々と統合を起こして、感情を整えていくことです。

「好奇心」は感情を炙り出すためのものです。

扱うのは必ず感情です。

目的はあなたの統合のその先に一致していくためです。

最初から最後まで自分に向き合ってください。

「一人暮らしだから手放すものは何もないから、わざわざ統合するものを外出して探しにいきます」という方がいます。

わたしは今も24時間統合を起こしています。

今この瞬間も統合を起こしています。

注意深く自分の内面を視ていきましょう。

何も出ないのではなく、あなたは自分の感情を見過ごしているのです。

自分に一致していくとは

「好奇心に従って動きましょう」「腑に落ちることだけ、惹かれることだけ、ワクワクすることをしましょう」という言葉を聞いたことがあると思います。
「自分と一致すること」を勘違いをしたら大変なことになります。
「自分と一致しないから」会社にいきません
「自分と一致しないから」この仕事はしません
反対に、
「自分と一致しているから」会議には出ません
「自分と一致しているから」家事は一切しません
「自分と一致しているから」好きなことしかしません
わたしが自分と一致していれば、それで良いのではただの自分勝手なことです。
遅刻をしても「わたしに一致しているから」謝らない
仕事のメールの返信が遅くても「わたしに一致しているから」謝らない

まさかと思うようなことが解釈を間違えて本当に起こります。

これはなにが起こっているのかというと、エゴに一致しています。

エゴは悪い存在ではありませんが、わたしたちがこの3次元を楽しむための存在です。そこに一致していくことは、統合を起こしていくのとは反対に、より強く分離し、深く眠ることになります。

上手に「統合すべき感情を隠します」。

わたしたちは遅刻をしたり、仕事が遅くなったりすると「申し訳ない」という罪悪感を強く感じ、とても心地の悪い思いをします。その感情に触れないように「わたしが落ち着いて一致しているからそれで良い」と思わせるのです。

こういったトラップをいたるところに仕掛けています。

「自分に一致していく」というのは統合のその先の重厚な意識へと一致していくことです。

この目的地を見失わないようにしてください。「自分に一致して生きる」「生き方を真逆にする」「世界は自分が創造主」もちろんその通りです。

自分が創った世界だからなにかしてもらっても感謝はしない。

わたしは一致しているから、あなたが統合してください。

こういった普通の世界では考えられないようなことも統合の履き違えで起こってしまいます。
「生き方を真逆にする」「自分が創った世界」「自分に一致する」ということが心地の悪い感情をたくみに隠しています。
これまで、誰かが何かをしてくれた時や遅刻をした時、仕事の期限を過ぎてしまった時に必要以上に「罪悪感」や「無価値感」を感じていたのでしょう。
でも「生き方を真逆にする」ことは自分勝手に振る舞うことではありませんし、何よりも「自分が創った世界」であれば、あなたの世界を彩る人や、物、動植物には敬意と感謝と祝福を送り続けることが大切です。
遅刻をするなら連絡をする
ドタキャンはしない
連絡が遅くなるならその旨を伝える
感謝をする
すべての現実を丁寧に使って、あなたの中の闇に光をあてていきます。
あなたが創造主であるならば、この世界を限りなく愛してください。
目醒めた世界は、どこまでも、優しく思いやりのある愛の世界です。

目醒めのステップ⑥ 〜大きなネガティブを手放していく〜

統合の大切な基礎はゼロの状態で居続けることと、すべての現実を使って統合を起すことです。

その上でまずはネガティブという解りやすいものを手放していきます。

統合は特別なものではなく、あなたが日常をスッキリと軽やかに過ごすためのものです。

わたしたちは毎日、感情を揺さぶり続けています。

まずは大きいネガティブな感情から手放していきます。

会社で同僚が悪口をずっと言っている。

お客様からクレームが来た。

すれ違い様に肩がぶつかった。

などなど、

いくつか例をあげていきましょう。

例①

朝、駅の改札で「料金不足」で通れなかった。その結果、残念にも電車を一本逃してしまった。

これはただ、「料金が不足して」改札を通れなかったという中立のことが起こっています。

「残念」なことは何も起こっていません。

この時の「残念」という思いを統合していきます。

例②

会社で決められているノルマを達成できなかった。悔しい。

この時も例外なくあなたの揺れる心地の悪い感情だけを手放して統合します。

ノルマを達成しなかった事実というのは現実に起こっていることです。「悔しい」という感情をつけているだけです。

例③

親の小言、上司の小言がうるさい。

親の小言も、上司の小言も、あなたは「不快な感情」を手放していきます。

ゼロの落ち着いた状態で現実を使いどんどん手放します。

何を手放しているのか解らなくていいのです。

分析をしないでとにかく手放します。手放した先で「人にコントロールされるという感情、嫌悪感、不快、怒り、闘い」があったんだと腑に落ちるように解るかもしれません。

会社に行くのも、仕事も、家事も、買い物も「統合」をするためにすべての行動をしていきます。

これまで見逃していたネガティブな感情に気付いたらあなたは驚くかもしれません。「すべての現実を使って統合する」と決めてしばらくして、わたしは自分の性格の悪さにびっくりしました。

通りすがりの人をジャッジしたり、誰かをねたんだり、非難してみたり、疑ったり、と、これらの感情になんの疑問もなく嬉々として楽しんでいたのです。

「わたしは人よりもネガティブな感情が多いんです」とか、「普通の人よりも嫉妬心が強いんです」とお話しになる方がいますが、わたしたちの荷物は皆たいして変わりません。

皆同じようにここで体験、経験をさまざまに楽しんでいるのですから。

本来は神と同等の意識が「わたしはこういう人間です」というキャラクター設定をして様々に演じています。

わたしから視ると、皆が素晴らしいアカデミー賞受賞俳優です。

ネガティブな感情を持っていたことは何も恥ずかしいことではありません。

皆それを体験、経験することが楽しかったのです。

それよりも、もう人間として演じている役を終わりにするのであれば、舞台で役に入り込んでしまうこの感情を手放していくしかありません。

ですから統合を起こす上で、決して自分にダメ出しをしないでください。

ダメ出しをしている暇があったらどんどん手放して、あなたの本質に変容していくのです。

一つ手放すと、今演じているキャラクターの特徴が消え、また一つ手放すとキャラクターの特徴が消えます。

そうやって一つ一つの揺れる感情を丁寧に捉えて統合していくのです。

もう現実という舞台から降りて、キャラクターをやめていくことが、唯一あなたが本当の自分へと戻る道なのですから。

目醒めのステップ⑦ ～表現すること～

「表現」をすることが大切です。

例えば、誰かと話していて、「わたしの意見とは違う」と思ったら、あなたはまず揺れる感情を統合して、ゼロの状態に戻ります。

表現をしようとすると、「こんなこと言ったら悪いかな」という罪悪感や、「その意見は違うと相手に解って欲しい」と様々に揺れる感情が出ます。

また統合し、感情を整えます。

そうして、あなたはゼロのスッキリとしたところから「わたしはそうは思わないよ」と、あなたが「統合のその先の自分と一致するため」に表現します。

「統合」を起した先であなたが、「この意見が彼女の真実なんだ」としっくりと腑に落ちたならば、あなたは「そうなのね」と表現すれば良いのです。

最初に「違う」と思ったから「違うと言わなくてはいけない」に囚われる必要はあ

りません。

臨機応変です。

大切なのは統合を起すことと、あなたが自分に一致して周波数を上げることです。

わたしはこのような2択をしていました。

例えば統合した先で「違うよと言う自分」と「言わない自分」どちらがしっくりくるかなという2択です。

イマジネーションを使って、しっかりハートを視て、どちらがスッキリするか、しっくりするかを感じます。

この時も視る先は必ず「統合のその先」です。

そうでないと、エゴが感情の爆発をしただけになってしまうからです。

エゴの感情の爆発もスッキリするかもしれません、けれどそのスッキリは「言い負かしてやった。わたしが正しい」という「闘い」が全面に出ています。

向かう先をいつもしっかりと決めてください。

わたしはクラスでの音源のシェアを参加者さまにお任せしています。

「音源をシェアしたい」という「ワクワク、ウキウキの好奇心」に向かうと、人それぞれ揺れる感情が出てきます。

無価値感、犠牲心、優劣、出てくる感情は人それぞれでしょう。

そこをしっかり統合してゼロへ戻ります。

そうして、あなたの「統合のその先」に向かうために動きますが、個人情報などひっかかりがあるならば、またゼロに戻り
「これを載せて良いですか？」と表現をします。

それを受けてワークショップ中に質問をしているあなたは「わたしの発言が出回る」と揺れるかもしれません。

あなたは統合を起こしゼロの状態から「ここは載せないでください」「載せて大丈夫です」とよりしっくりくる腑に落ちることを選択します。

そしてスッキリとします。

目指す先は「統合のその先」です。

ワークショップであっても「すべてを使って統合を起こしていく」ことに変わりはありません。

「これは別」という例外はありません。

皆さんは無条件の愛の先駆けとなっていくのです。

あなたの真実を表現していくことは、あなたの世界で誠実であることです。

あなたは自分の真実で生き、誠実であるから、そのエネルギーが周りにも大きく影響する光となっていくのです。

しっかり自分と向き合ってください。

自分の影に光をあててください。

そうして少しの濁りもなく、いつも1番神聖な自分でいてください。

目醒めのステップ⑧ ～どんどん動く～

わたしはいつも「現実に意味を見出さないでください」とお伝えしています。

「ワクワクするからという好奇心はシンボルにして、具現化を目的にしないでください」とお伝えしていると、

「現実を具現化させることは、現実に意味を見出だすことだからいけないこと」という解釈になり「スッキリ、しっくりするまで動けない」と動かなくなります。

「ディズニーランドに実際に行くのは現実を具現化することだから、現実に意味を見出していますか？」

ディズニーランドがあなたの「好奇心」のシンボルならば、そこに向かおうとすると「お金」「仕事」などを思い、「心地の悪い感情」が出てきます。

その感情を統合していきます。

そうしてゼロに戻り、「行く、行かない」どちらかしっくり腑に落ちることを選択します。

行けば、「お金がかかった」とネガティブな感情が出るかもしれません。

行かなければ「やっぱり行けば良かった」という感情が出るかもしれません。

そうしたらまたその感情に光をあてて統合を起こし、感情を整えてスッキリとします。

「上司が嫌だから転職したい。これは現実に意味を見出すことですか？」

上司は現実にいる人です。統合は現実にはアタッチしません。あなたの中の不快な感情を手放します。ゼロに戻り、「転職したいか、したくないか」とよりしっくりくることに動きます。

現実に意味を見出すというのは「次の会社に行ったら良い環境に恵まれるかも、評価されるかも」という「欲」の部分です。

これまでの生き方の癖で、統合をしても、目の前の上司をクリアしないと逃げになるんじゃないか、と思いがちですが扱うのは感情です。あなたが嫌悪という感情を持っている限り、違う会社でも嫌いな人を生み出すでしょう。その時にまた手放せば良いのです。

好奇心をシンボルにしないとわたしたちは動く目標をなくします。現実を意識して、ああだこうだと感情を巡らし、現実を整えるために何を選ぶかではなく、どんどん動いてください。

「ワクワク」というシンボルは現実を成功させるためのものではなく、「あなたの揺れる、心地の悪い感情」を炙り出すものです。

「友人へのサプライズパーティは現実に意味を見出だすエゴですか」など、エゴの欲なのか、魂が喜んでいることなのかわかりませんというご質問があります。

「サプライズパーティを企画したい」の下にある「友人のため」「喜んでもらいたい」こういったことを手放していきます。

「やりたいからやる」ただその軽やかさで良いのです。

サプライズだから、もしかしたらあなたの友人はそれを知らず「家に帰ってこないかもしれません」「冷静な性格でサプライズでも驚くことも喜ぶこともしないかもしれません」それでも「やりたいからやる」というだけです。

「アイドルになりたい」という気持ちはエゴの望みですか、魂の望みですか？　とのご質問があります。

その思いの下にある「有名になれる」「好きなアイドルに会える」「お金がもらえる」など欲のようなものがあれば、それを手放してください。「歌いたいから公園で歌う」という軽やかさです。

「エゴが、エゴが」とエゴを悪いものとしないで、あなたはディズニーランド、転職、サプライズパーティ、アイドルというワクワクをシンボルにして、ただ軽やかになってください。

第4章

意図が大切

統合は意識が変わること

統合を起すとあなたの意識が変わります。

意識が変わるから現実が変わります。

人間として生きている時には、なによりも現実を見て感情を体感し、体験することが醍醐味です。

感情を手放してあなたの本質へと変容していけば、現実のものの見方が変わるのは当然のことです。

いつも部下を怒鳴りつけている上司がいます。

上司は人を支配したい、イライラ、焦り、不安という自分の学びを遂行しています。怒鳴ったり高圧的になる必要はなく、何があっても冷静に落ち着いて対処すれば良いのですから。

あなたは、自分の感情を丁寧に手放し、あなたの中を変容します。

そうすると、あなたから見ると上司は単に大声を出している人となり、落ち着いて仕事の改善点、修正点が解るようになります。

大切なのは現実にひっぱられないようにすること。

そのためにはゼロの状態が大切です。

あなたはいつも落ち着いていてください。

そうすると上司のあなたへの対応が変わったり、周りがあなたに一目置くようになったりしますが、「現実が整った。具現化した」と意識を外に向けないでください。

あなたの意識が変わったから、現実が後ろからついてきただけです。

あなたは今日から噂話と悪口は禁止です。

噂話と悪口は現実を固く結晶化します。

あなたはそんなに嫌いな人でないのに噂話や悪口に参加したら、そこで抱くかすかな嫌悪感が強く結晶化します。

わたしたちは意識を向けたものが結晶化、つまり形になり、わたしたちの心の中で揺るぎないものになります。

あなたのパワフルな力を「批判、否定、ジャッジ」には使わないでください。

皆それぞれの学びの元で自分の人生を生きているのです。

わたしたちがアドバイス、忠告で相手に変わって欲しいと思うのは、相手の人生をコントロールしたいという「欲」があります。

あなたに出来ることは、あなたがあらゆる欲とジャッジ、否定、批判を手放して「わたしはこう思うよ」と提案をするだけです。

皆、同じ場所から来た神であることを忘れてはいけないとわたしはいつも思います。

上下を創らない

先生、師匠、弟子、メンター、誰かに軸を預けていたわたしたちはこういった言葉が好きです。

言葉には言霊があります。

あなたがその人を自分の師匠だと決め、自分が弟子だと決めたら、その方の影響下から抜けることができなくなります。

目醒めの道を先に気付いた人はいるでしょう。

それならその人の気付きを自分が次へ進むヒントにして、自分の真実と照らし合わせていくのです。

同じ場所からきたわたしたちです、あなたが自らそこで、「自分はこの人より下である」と決めて、自分の可能性を小さなものにはしないでください。

わたしの気付きをあなたの目醒めの気付きにして欲しいと思います。そうして神である、あなたの神聖な意識を存分に現してください。

謙虚であること

「あなたが整うことですべてが整います」

あなたが平和であれば映す世界は平和になり、あなたが混乱していれば世界は混乱して映ります。

これが統合の素晴らしいところです。

これからあなたが宇宙の無条件の愛の領域にでるのです。

目醒めの先駆けになっていくのです。

いつも統合のその先をみていてください。

そうして、謙虚でいることをどうぞ忘れないでいてください。

目醒めのステップ⑨ 〜統合は日常で行うもの〜

日常生活をしていると毎日そんなに「心惹かれることも、ワクワクすることもありません」と言う人がいます。

もちろん毎日の生活に「ハワイやディズニーランド」などの大きなイベントがある訳もなく、統合は毎日の生活の中で着々と淡々と行っていくものです。

仕事が忙しすぎて統合どころではない、毎瞬、毎瞬選択の連続でそれがしっくりきているのかも解らないという方がいます。

わたしから視たら「統合チャンス」だらけです。

忙しい仕事も心ここにあらずではなく「いつも落ち着いて冷静に仕事をしているか」「毎瞬の選択をしっかり自分のしっくりくる方に動いているか」毎日毎日そのことを確認できるならば、「昨日より今日のほうが落ち着いて仕事をしていたな」「さっきの選択は落ち着いてしっくりくることに動けたな」と着実な一歩が感覚として解りやすいでしょう。

「仕事や子育てでいつもゼロでいられません」「日中ずっと統合なんてできないです」出来ない、やれない、から入らないでしっかりと統合を起す癖をつけていきましょう。

簡単に目が醒めるのであれば、もっとたくさんの方が目醒めているはずです。

真剣に取り組めば統合が癖になるまで、半年ほどでしょう。

これまで通りの生き方をしますか

目醒めて生きていきますか

現実は中立で感じるのは自分の中

すれ違う時に誰かに「チッ」と舌を鳴らされたとします。

たったこれだけで、身がすくむほどに恐怖を感じる人もいれば、「歯になにか挟まっていたのかな」とだけ思う人がいます。

現実は中立です。

同じ現象で、内面が大きく揺れるか、小さく揺れるかは人それぞれです。

どのようなことがあったらあなたが「揺れる」のか。

「親友に裏切られたら」絶望するのは当たり前なのか。

「親友に裏切られたら」相手には相手の学びがある。と視るのか。

統合をすれば「裏切った親友」が泣きながらあなたに謝りにくるのではありません。

（そういう過程になることもあるかもしれません）


上司に怒鳴られても、その時に揺れるあなたの感情を手放します。

大嫌いな人を目の前にしても、揺れるあなたの感情を手放します。

ゼロの状態は現実をスクリーンとして視られる場所です。

現実を握らないでただ粛々と淡々と手放してください。

あなたが手放すと、空いたところには自動的に本質の無条件の愛、調和という源のエネルギーが入る仕組みになっています。

だからそのうちに現実との間に距離が出てきます。

これを繰り返して、現実をスクリーンとして、中立なものとして視ていくのです。

3次元で起こった出来事の不快感を、その都度ただ手放しているだけでは目醒めは起きません。

次元を抜けていく統合は、24時間自分をみて、人間としての感情を手放していくことが最初の訓練です。

まずこれまで、当たり前に巻き込まれる日常から離れて、ゼロの状態になり、常にその感覚を覚えます。

自分を取り巻く環境をみて、自分を視て、どのように自分の感情が揺れるのかを知ります。

揺れる感情を常に平和に戻していきます。

最初は大きくネガティブだと感じるものを、次にもっとささやかにネガティブと感じるものを、そして、ポジティブに喜んだり感動したりする時の浮いている感覚を落ち着かせ、最終的に電車で足が踏ん張れず身体が揺れた、料理をしていたらきゅうりが床に落ちてしまった、ギリギリで電車に乗れた、など限りなくささやかに揺れることを平和へと整えていきます。

これを日常的に繰り返すことで、あなたは自分を取り巻く環境に左右されず、自分を含めたあらゆる出来事を、単なる起きたことと認識できるようになります。

あなたが現実の中で体験、経験していたことは、実は自分の中だけで起こっていたことだとわかった時、あなたは人間としての体験を終えます。

それには、いつまでも現実に意味を見出し、誰かに執着や依存をしているのでは到底、感情を使う人間としての生き方が終わることはありません。

自分で在る

どの瞬間も自分であり続けてください。

いつもゼロの状態の自分で在るように、わたしは「人間としての感情を終える時」と同様に映画やドラマを使いました。

映画やドラマは使い勝手がとても良いです。

どのようなドラマや映画も、いつもゼロの状態で視てください。

地球が侵略されるもの、感動的なヒューマンドラマ、愛憎溢れるドラマ、ドラマや映画を観ている自分だけを視て、揺れる感情をただ平和へと戻していきます。

なにが起きても平和であるために、日々の訓練をわたしは今も欠かしません。

揺れたら平和へ、揺れたら平和へといつも平和な状態でいることで、あなたの軸は着々と整っていきます。

思考は問題を生み出すシステム

様々な情報が錯綜している中、思考と情報に振り回されないようにしてください。思考は過去のことを、ああだこうだと言い続け、考えても答えがでないものを、さも問題のように思わせてあなたを混乱させます。それも繰り返し、繰り返し回り続けるレコードのように。

誰かに答えを求めて、また複雑に考えて、思考を使っていると目醒めには至りません。

私たちは一つのやり方に慣れてしまっているのでしょう。そうして自分で答えを導き出せることを忘れているのでしょう。

統合は魔法ではありません。

一回統合を起こしたら、借金が消えてしまうとか、会社の業績が上がったり、遺産問題が整ったり、素敵な恋人が現れたり、嫌いな人が目の前から消えたりするのではないのです。

その都度出てくる揺れる感情をゼロへと戻し、しっくりくることを選択し、粛々と毎日手放していくだけです。

目醒めた意識は、いつもなにが起こっても平和で冷静です。

その意識で行動をします。

思考が動き始めるのは、ゼロでなくなった時です。

目醒めを阻むのが思考です。あなたが四位一体になった時の、意識をハートに落とした状態が思考がとまっている状態です。ここを基準にします。

思考はエゴの持っている「プログラム」です。

高次の存在から視たらなにも問題ではないことを、わざわざ問題にしているのが思考です。

もう思考は使わないと決めて、意識をハートに降ろして生活することに慣れていきましょう。

思考の癖が残ると目醒めても、思考を巡らし、すぐにまた3次元の制限へと戻ってしまいます。

せっかく目醒めたのに、それはとてももったいないことですが、「思考」が問題を生み出し、複雑にして、解決させずに答えを求めてさまよう証拠です。

わたしが伝えるのはわたしの真実です。

あなたの真実は、あなたが自分で取ってくるものです。

思考でつじつまを合わせようとしていると、どこかでひずみがでてきます。

例えば、「統合は意識が変わることで現実は変わらないというけれど、宇宙は出した波動を受け取ると言います。それなら現実は変わるはずです。このギャップはなんですか」という疑問があるとします。

現実は変わりません。

あなたが自分を変えたからといって周りの人が自分の学びを変えることはありません。

戦争も事件もその人それぞれの学びの中で遂行されます。

ただあなたがどの周波数に生きているかで、同じことでもあなたが受け取るものが変わります。

だから現実が変わったように思えます。

あなたが地球の爆風を抜けてハイヤーセルフとして生きる人生が始まれば、そこではあなたは自分が舵を取る人生を生きることになります。

あなたはまず地球の制限を抜けてください。

わたしの仕事はあなたに地球の制限を抜けていただくことです。

一瞬、一瞬粛々と淡々とあなたは周波数を手放してください。

あなたの真実はいつか必ずあなたが納得する形で知る日がきます。

～思考を自分でコントロールするワーク～

四位一体のゼロの状態になります。あなたの意識があなたのハートに収まっているのを視てください。

あなたの頭へ意識を向けてください。ここには思考のコンピューターの部屋があります。

あなたのハートがゼロの落ち着いた状態で、この部屋へ入ってください。

この部屋を見渡すと３６０度ありとあらゆるコンピューターが作動しています。

コンピューターに近づくとそこにはさまざまな映像が映り、忙しく動いています。

この映像に感情をつけて、体験、経験しているのはこのシステムがエゴと連動しているからです。

部屋の中央まで進むとあなたの目の前に「あなたの脳」が現れます。

脳へと近づいてください。

脳はもともとの宇宙とのアンテナという正常な機能を失って、シナプスが乱れて光り、勝手にめちゃめちゃに作動しています。

あなたの丁度手元のところに脳と思考のコンピューターのスイッチがあります。

このスイッチを一つ一つ切ってください。

一つのスイッチを切ると脳の光が一部点滅し、対応しているコンピューターの光も消えます。

すべて切ってください。

目の前の脳が静まり、光の点滅がなくなるのをみてください。

同時に部屋中のすべてのコンピューターの光が消えて、部屋の中は静まり返っていきます。

ここからあなたの脳は、本来の役割である宇宙と高次のアンテナへと戻ります。

あなたの脳が次第にゴールドに輝きながらゆっくりと本来の宇宙、高次とのアンテナとしての役割へと戻っていきます。

鼓動を打ちながらあなたの脳は命を吹き返し、強くゴールドに輝き、完全に本来の宇宙とのアンテナという役割へともどりました。

高次元
Gold
Gold
意識
ON
OFF

それを見届けたらコンピューターの部屋から出てください。

そうして今きた道を戻り、あなたのハートへと戻っていってください。

まずは統合

あなたが目醒めると決めたのであれば、まずは統合して必ずゼロに戻ってください。気に障ることを言われたらすぐに言い返すのもスッキリしますが、それも統合と同じですかと聞かれたことがあります。

すぐに言い返してスッキリするのは「単にエゴが発動しているだけ」です。きちんと自分を視れば、闘いのバイブレーションとわたしは正しいという「正義というジャッジ」があります。そのスッキリは目醒めへのスッキリではありません。

あなたがこの次元で闘いとジャッジで今まで通りに生きるのならばそれで良いでしょう。

でもあなたが目指しているのが「目醒めて生きる」ということであれば、生き方をまったく変えていかねばなりません。

ちょっと現実を視て統合したら「お金が儲かるかも」「有名になれるかも」「ツインに出会えるかも」としていると、こっそりと「現実を思う様にコントロールしたい」という気持ちが入り込みます。

「イリュージョンの世界と知って存分に楽しむのは良いですか」「イリュージョンの世界だからこそ成功に目を向けてもいいんですよね」

それも良いと思います。それはそれで新しい遊びでしょう。

でもあなたは「イリュージョンを抜けて真実を知りたい」と思ったから統合を起されているのでしょう。

「エゴを発動させない」「回り道に入らない」ために「まずは統合」を起していきましょう。

オールオッケーの世界だからこそ

「統合すると、結局全部オッケーになりますよね」

嫌いな人がいたら、嫌いを統合するし、

やりたくない仕事は、やりたくないを統合するし、

そうしたらなんでも大丈夫ですよね、

例えば束縛のひどい恋人も、統合したら束縛されたままで大丈夫で、

やりたくない仕事もそのまま続ければいいんですか？

とのご質問があります。

だからこそ、よりしっくりくることを選択します。

束縛がひどいのであれば、「どこが無理でどこまでなら大丈夫だ」という、あなたがしっくりと腑に落ちることを伝えます。

嫌な仕事で、自分の仕事でないと感じているならば「これはわたしの仕事ではないと思います」などとあなたがしっくりと腑に落ちることを伝えます。

これはどれも現実を変えるためではなく、あなたが統合のその先の周波数になるため、つまり、スッキリとするためです。

仕事や人間関係でそれに向き合わないと「逃げではないか、甘えているのではないか」とわたしたちは自分を追い詰める癖があります。統合を起こしてより苦しい選択をしていくのです。

でも、なにを選んでも、まだ手放せていない感情は上がってきますので、あなたに

しっくりくること、より軽やかになる選択をしてください。

あなたへ戻る

静寂の中であなたは、あなたへと戻っていくのです。

もう何者かになる生き方を終わりにする時です。

今まで、「もっとこうならなくちゃ、こうしなくちゃ」とわたしたちは自分ではないものになろうと必死でした。

誰かの理想の自分、誰かに承認される自分、でも、あなたはあなたに戻っていってください。

自分にダメ出しをするのをやめてください。

あなたはそのままのあなたで良いのです。

セッションでよく、「わたしの欠点を教えてください。もっと直した方が良いことを教えてください」と聞かれます。

「あなたの欠点と直した方が良いことは自分にダメ出しをするところです」とお伝え

します。

自分の長所をたくさん書き出してください。

「いつも笑顔、謙虚、優しい、頑張り屋さん、人の話を良く聞く、社交的、受け答えがはっきりと解りやすい、ファッションが素敵、早寝早起き」

長所に目を向けて、その長所を伸ばしてください。

そうしたらあなたの欠点だと思うところは自然に消えていきます。

あなたが欠点をなくしたいと思うならば、あなたは自分の長所を伸ばしてください。

目醒めのステップ⑩ ～虹のエネルギーで統合を起す～

それでは実際に統合を起していきましょう。

統合は相反するもの、男性性と女性性、光と影、自分の中の闇を一つの光へ統合していくものですが、これを完全に無条件の愛へと変容していきます。

~統合ワーク~（音声ワーク2）

四位一体でゼロの状態になります。

あなたは直径240センチの円柱状のクリスタルの筒の中にいます。

足下にはレディ・ガイア　あなたのハートにはハイヤーセルフ　あなたの頭上には源が光輝いているのを視てください。

それでは統合を起していきます。

「わたしが今手放すべきバイブレーション（感情）」と言ってください。

身体のどこかに手放す感情が上がってきていますので手を磁石にして、心地の悪い感情がどこに上がってきているかスキャンします。

心地の悪い感情を手で引っ張り出

します。モヤモヤ、ザワザワ、硬い岩、ゴツゴツしたもの、恐竜なんでも良いです。スピーディに手放すことが大切ですので、引っぱり出したらそのまま頭上の源に放り投げてください。

放り投げたら深呼吸をしてください。

深呼吸をすると次の心地の悪い感情が上がってきます。

同じ様に手を磁石にして身体をスキャンし引っぱり出したらそのまま頭上の源に放り投げてください。

今、手放した感情が源で浄化されて虹の光のシャワーがあなたに降ってきます。

虹の光は5次元の地球の無償の愛のエネルギーです。この光をあなたは浴び続けてください。

虹の光がまずはあなたからまっすぐにレディ・ガイアまで届きます。

溢れるほどの虹の光がまだまだ降り注ぎ、虹の光はあなたの身体を溶かして、ただのエネルギーへと変容していきます。あなたへ注がれる虹の光は宇宙へと広がります。

源も、星々も、地球もあなたの虹のエネルギーの中にあります。

広がったあなたのエネルギーに身を委ねて「愛、平和、豊かさ、喜び、祝福」こう

SOURCE
Lady Gaia

いった高い波動があなたの中に存在していることを想い出してください。

ゆったりと深呼吸をしたら、肉体へと意識を合わせます。

そうして、肉体を意識できたら宇宙に広がっている虹の光をあなたのハートへと一気に集めてきます。

一筋の光も残さないでハートへと集めます。

ハートに虹の光がぎゅっと集まったら、再度、肉体に虹のエネルギーを行き渡らせます。

あなたのハートが花開き、虹のエネルギーがあなたの肉体へ行き渡り満ち満ちていきます。

今度はこの虹のエネルギー（光）があなたの直径240㎝の円柱状の筒の中へと行き渡っていきます。

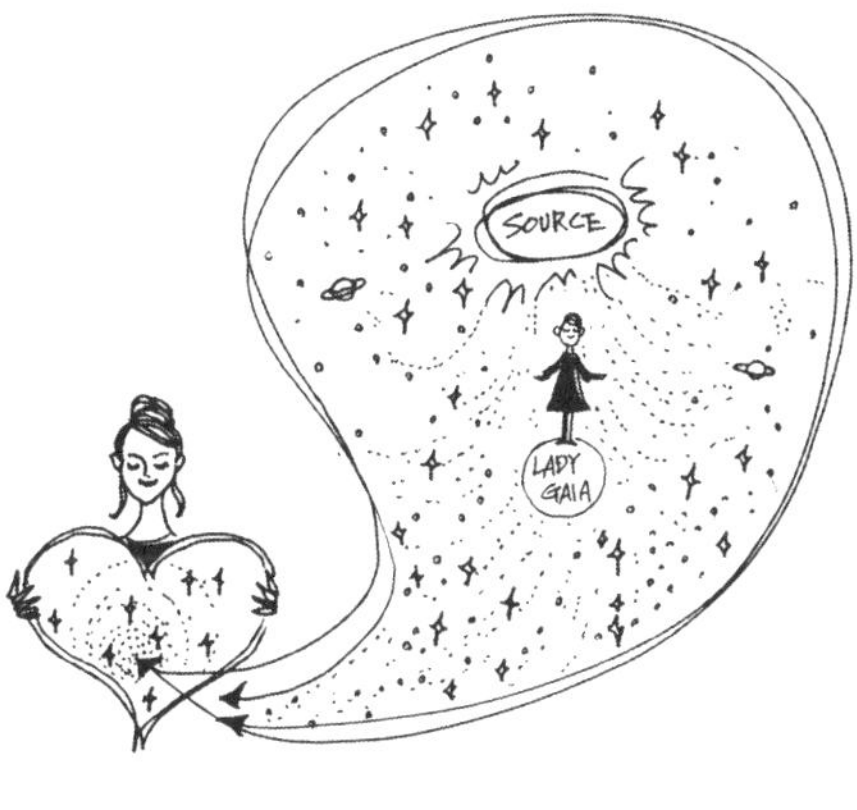

筒の外へはこのエネルギーは出さないでください。

あなたのエネルギーは自分で確保します。

この中でもう一度あなたの愛などの高い資質へと意識を向け、何度か虹の光を吸って虹の光を吐き出すという深呼吸をします。

ゆっくりと瞳を開いて、この周波数から絶対に降りないと決めてください。

～虹の呼吸のワーク～（音声ワーク3）

虹の光でヒーリング、瞑想していきます。

虹は5次元の地球の波動、無条件の愛です。あなたはその中でしっかりと保護されることになります。

あなたの円柱状の筒があなたの周りで半径120㎝の円球に変わっていくのを視てください。

足元のアーススターチャクラ[注3]と頭上のクラウンチャクラから同時に虹の光を吸って、口から虹の光を吐く呼吸をします。

この呼吸で松果体が活性化するので失っていたテレパシーやサイキック能力を取り戻すことができます。

注3）アーススターチャクラ
足の下にあるマザーアースと繋がるチャクラ

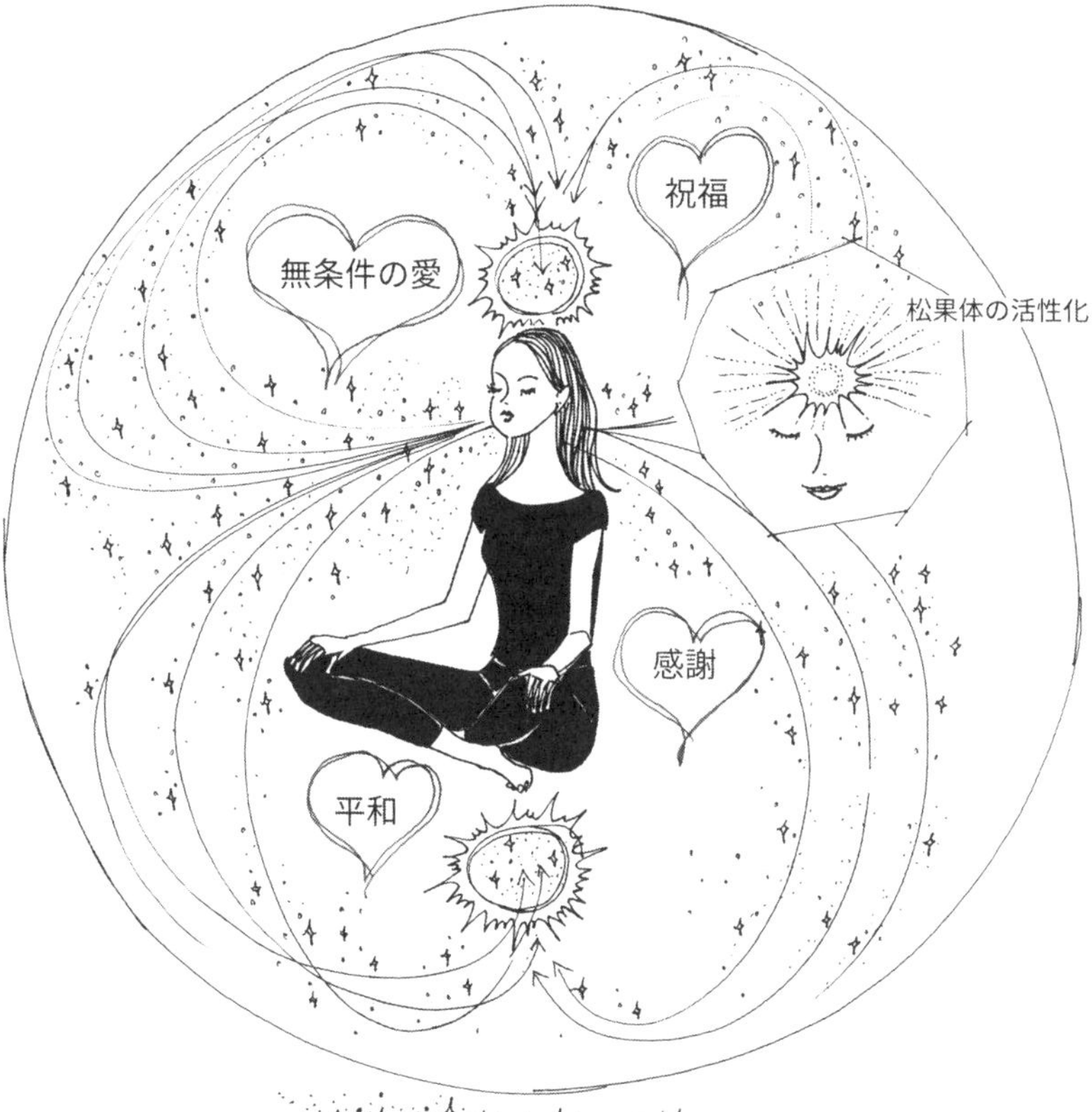
祝福
無条件の愛
松果体の活性化
感謝
平和
Rainbow

この呼吸はあなたの身体の周りの虹の光を吸って、虹の光を吐き出します。

この中であなたの愛、平和、感謝、祝福というエネルギーを感じながら好きなだけ瞑想をしてください。

統合疲れ

統合をしていても、正しい統合が行われないと疲れてしまいます。

わたしもかつて、ヘトヘトになりながら統合をしていたので、よくわかります。

原因は現実に意味を見出しているのと、感情を味わいながら統合しているからです。

「こんなに統合をしているのに、なにも変わらない」

「現実はまったく変わらないから統合する意味がないと感じる」

でも、いろいろな情報が入り乱れているし、目醒めたい。

そして統合を始めてしまったから感情はどんどん上がってくる。

基本のスタンスができていないから、現実と溢れる感情に振り回される。

こういったところが理由です。

統合はゼロの状態、すべての現実を統合に使う、現実に意味を見出さないという基礎が落とし込まれていれば統合疲れは起こしません。

現実を変える魔法だと思って起こしている統合は、統合ではありません。

統合は目醒め、悟りへ向かうツールです。

わたしの長い間違えた統合の道は「統合疲れ」をしているだけでしたが、しっかりとした基礎を創り上げてからは、「統合疲れ」を起こしませんでした。

むしろ自分の中が平和に整う嬉しさに満ちていました。

統合疲れと思ったらスタンスがズレていないか確認をしてください。

わたしは今も毎朝、基礎に立ち返りスタンスをしっかりとさせて1日をスタートします。

朝が大切

夢見が悪い、これは「統合あるある」です。

「わたしは統合を起こします」と決めると、ガイドをはじめとした高次の存在との協働が始まります。

自分の中に取り込んだネガティブな感情が手放すために浮き上がりはじめます。

日中、一瞬一瞬のすべてを統合すると決めていればそこまで悪夢はみませんが、それでも恐怖という感情から追いかけられる夢をみたり、怒りという感情から誰かを激しくなじる夢をみたりします。

大切なのは、見た夢にアタッチしないことです。

夢であってもそれは現実に視たことであり、扱うのは心地の悪い感情です。

朝起きたら四位一体の体感を思い出します。

頭の上は抜けるように広がっている、身体の周りは誰もいない、足はしっかり地球についている。

そしてモヤモヤ、ザワザワを手で引っぱり出してそのまま天井に放り込みます。

虹の光を浴びて、身体を緩めてスッキリと起き上がります。

わたしは、特にモヤモヤザワザワしていなくても、毎朝の習慣にこの一連の統合を行います。

毎朝のスタートをスッキリさわやかに過ごす「目的」はここです。

目醒めのステップ⑪～ささやかな感情を視ていく～

基礎が出来てきたら次のステップへ入りましょう。

ここからはささやかな、細やかな感情も見逃さずにあなたの平和へと戻していきます。

ささやかに揺れる感情、小さなネガティブな感情も見逃さずに平和へと戻していきましょう。

怒りや、不安、悲しみなど大きな感情はわかりやすいので、これは手放すものと捉えられます。

でもわたしたちの感情は、一瞬、一瞬揺れています。

日常生活で、歯磨き粉が切れていた、持っていく予定のハンカチにアイロンをかけていない、洗面所が汚れていた、鍵が見当たらない。

こういった日常のささやかな、感情の揺れに気付いていくことが次のステップです。

中立である出来事を見て、感情は細かく揺れ続けています。

ただ歯磨き粉が切れていただけ、ハンカチにアイロンをかけていなかっただけ、ここに、あ！　失敗した！　という意味をつけて、感情を体験して、またやっちゃったーという自作のドラマを楽しみます。

わたしが大きく揺れる感情から、ささやかな感情を手放すことが次のステップだと知ったのは、駅で、わたしより何メートルも離れたところにいた男性が、となりの女性に傘の先で電光掲示板の時刻表を指した時でした。

それまで大きな感情に焦点を当てていたわたしの心がザワッと波だったのです。

あぁ、こんなにもわたしは揺れていると思いました。

小さく揺れる感情も、放っておくと大きなネガティブな感情へと育ちます。

もっともっと自分を視ていきます。仕事中、運転中、誰かと話している時、忙しくしている時、それでも落ち着いて冷静に自分の中を視てください。

誰かと話しながら自分を視る

忙しくても自分を視る

ゼロの状態で2点に意識を置く訓練も同時に行います。

揺れる感情の手放し方は、

できれば、きちんと毎回統合を起したいところですが、両手が塞がったりしてどう

にもならない時には、

「この感情は使わない　わたしの（愛、感謝、喜び　あなたの統合のその先）へ変容する」と100％決めるだけです。

これを繰り返し、現実をみて、自分をみて、手放して、ゼロに戻りながら生活をしてください。

まだ数時間に一回は、きちんと今手放すべき感情として統合を起こし、スッキリとしてください。

わたしたちは社会で働き、生活をしています。その中で目醒めていくほど素敵なことはありません。

山に籠って一人で悟りを開いても、仙人のように生きるだけです。

でもそうではなく、あなたはたくさんの人と関わりながらここで生活をして楽しみながら目醒めていくのです。

他力本願も情報も必要なくなる

あなたもこれまでたくさんのセミナーを受けて、たくさんの情報を収集してきたと思います。この世界は学ぼうと思えばありとあらゆることが学べます。

けれどあなたは創造主である源と同等の意識へ戻っていくのです。

あなたが創造主であるならば、誰かの力を借りたり、何かをアチューメントしたり、誰かにヒーリングをしてもらうことはなくても良いのです。

神社でもお願いではなく、「感謝」をお伝えすることで良いのです。

統合はあらゆる我欲を滅して真理を自分で解いていくことです。

あなたは本質を知ることで、すべてが自分の中にあったことを知る道を歩いているのです。

次に使う予定のバイブレーション

心地の悪い、揺れる、ネガティブな感情を手放していくと、だんだん感情と現実に隙間が空き始めます。

そうして、なんとなく次に使うであろう感情が薄く見え始めます。

子供がわーわー騒いで兄弟喧嘩をしていた時に、あなたはいつもならば何も考えずに、現実の中で子供を叱るということをします。

けれど統合を起して、自分の感情のパターンがわかり始めると、「あ、このままでいったら思い切り怒りを使うな」とか「お、じわじわ怒りが上がってきた」というのがわかる様になります。

次に使う感情はあなたの現実にもパワフルに反映します。

予定に遅れそうな時には「あ、わたし焦りを使おうとしている」とわかるので感じる前に外します。

少し応用編です。

先日デパートの靴下売り場で買い物をしていたところ、隣で靴下を選んでいた女性がもっとよく靴下を見ようと頭を下げたとたんに、ショーケースにおでこを打ち付けました。

わたしは「あっと揺れた感情」をうっかり手放さずそのままにしてしまい、「わたしも気をつけなくちゃな」とだけ思っていた次の瞬間、わたしがショーケースの角に足をぶつけ「あっと揺れた感情」をそのまま使いました。

このあたりが解れれば、「この感情は使わない」と使う前に手放すことができます。

つまり感情を手放していればわたしは足をぶつけても「あっ」と揺れることはなかったのです。

まるでゲームのように楽しんで手放してください。

真剣に、でも、深刻にならず、ここはあなた専用の体験型ワンダーランドなのです。

あなたが自分で感情のシナリオをどんどん書き換えて行って良いのです。

目醒めのステップ⑫ 〜エゴと仲良くどこまでも〜

「わたし」とは誰でしょうか。

本質の意識であるハイヤーセルフがまだ寝ているのならば、

今ここで話して、食べて、色々感じて生きているこの「わたし」は誰でしょうか。

わたしは「意識」です。

意識の中に「エゴ」という個性がいます。

この意識が正常に働くように、四位一体では意識をハートに置きます。

でも未だ、ハイヤーセルフの意識へと移り変わっていないので、ハートに降ろしたところで今度はハートが現実を見て否定、批判、ジャッジをわーわーしゃべります。

けれど、この意識が次元の高いハイヤーセルフと席を入れ替えるためには、まずはハートに意識を置く練習をします。

今こうして、あなたが目醒めるためにこの本とあなたを繋いでいるのは、あなたの「ハイヤーセルフ」と「意識」と「エゴ」です。

「エゴ」はあなたの中の闇の化身のように思われています。けれど「エゴ」があなたの目醒めを邪魔しているならば、いろいろと理由をつけてこの本を手にすることはなかったでしょう。

本質のあなたが経験したいと言ったから、たくさんの感情で遊んでみたいと言ったから「エゴ」は本質のあなたの代わりにここで生きていたのです。

でももうボロボロです。

エゴはもうその役割を終えたい、だってあなたが目醒めたいと願ったのですからエゴも、その他の感情も元の姿に戻りたいのです。

わたしはある時にとても強い感情を発動しました。

本当に久しぶりに感情が「めんどうくさい！」と言語化しました。

すぐに感情をきちんと手放したら、源から「歓喜に溢れたゴールドの光」が、わたしに戻ってきました。

その光を受けた時に、「感情も戻りたかったのだ」と知りました。

感情は外して欲しくても「外してください」「元の光に戻してください」と言えません。

言えない代わりに浮き上がってきます。

どんどん手放してください。

あなたが目醒める時あなたの「エゴ」はあなたの「個性として」ハートの中に納まります。

その時、エゴは存分に本当の自分を生きることになるのです。


～エゴと共に進むワーク～（音声ワーク4）

エゴは神なるあなたの一部です
そのエゴは目醒める時に個性としてあなたの中に包括されます

それを知らないエゴは自分が消されてしまうと誤解をして恐怖に震えて身がすくんで泣いています

瞳を閉じて、あなたの前にエゴを現してください

エゴはあなたが「眠りたい」と言った約束を守り続けています。

手にはたくさんの荷物を持っています。

その荷物には思考と書かれたものと感情と書かれたものがあります。

思考の袋の中には「問題、解決、複雑、混乱」などと書かれている砂袋が入っています。

感情の袋の中には「怒り、苦しみ、悲しみ、孤独、絶望」などと書かれている砂袋が入っています。

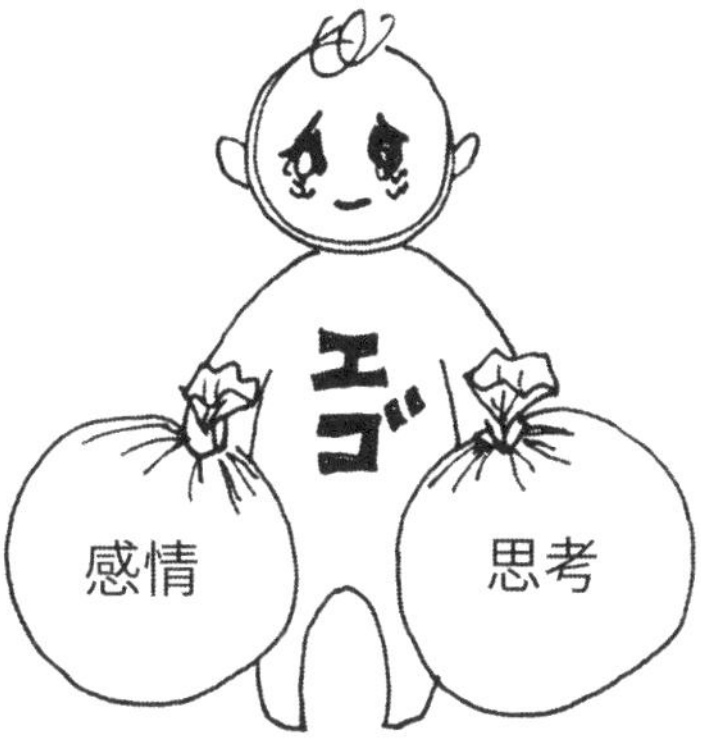

この重たいものを持って、エゴは現実を視ては「思考の袋」の中をガサガサと探し、感情の袋をガサガサと探し、現実に意味付けをして体験、経験するということをしてくれていました。

目の前のエゴは小さい子供の姿かもしれませんし、今のあなたの姿かもしれません。

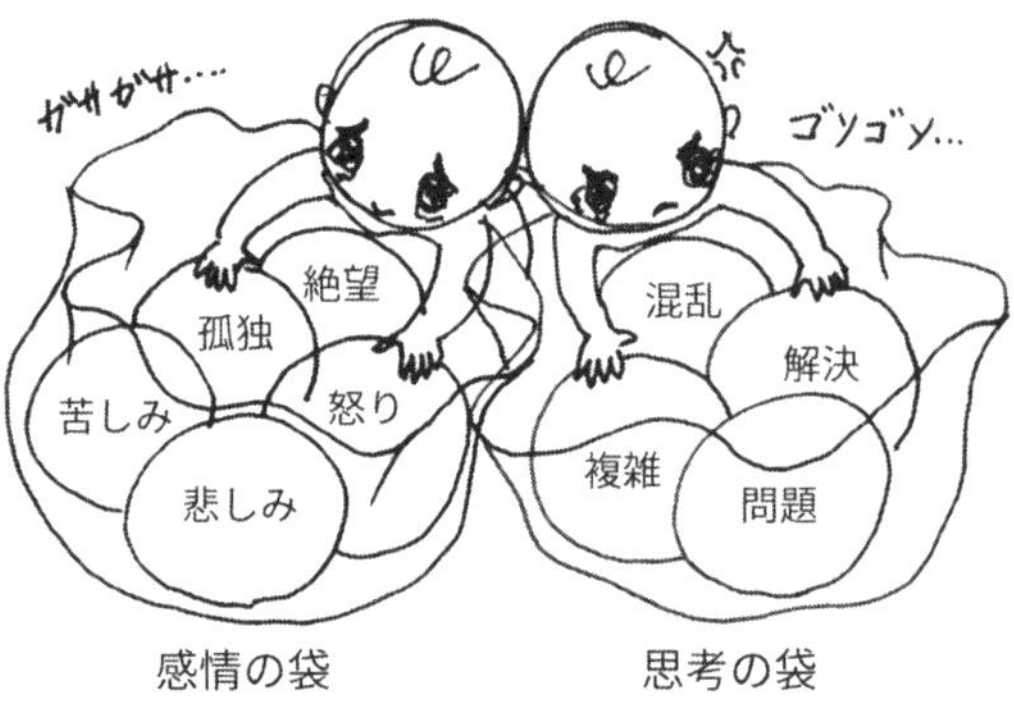

感情の袋　思考の袋

その顔は自分からあなたが離れようとしているると怒っているかもしれませんし、泣きはらした目をしているかもしれません。

袋を固く握りしめているエゴの手を握ってください。

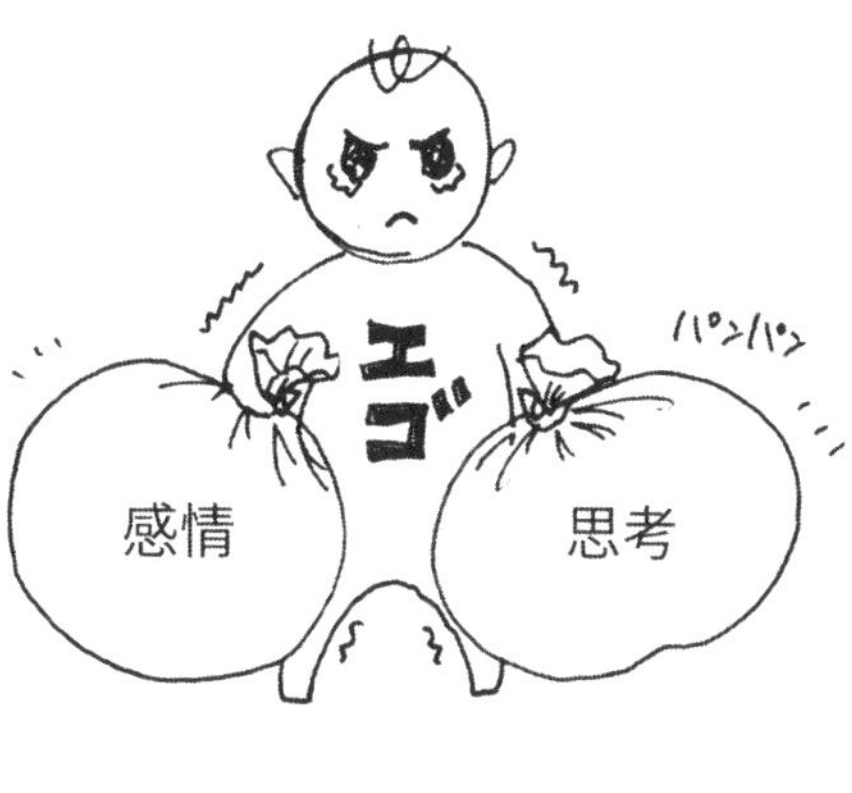

あなたのハートからエゴのハートへまっすぐに柔らかいピンクのエネルギーが流れるのをみてください。

エゴがだんだん安らかな顔になってきたら、「一緒に並んで行こうね」とあなたの言葉で伝えてください。

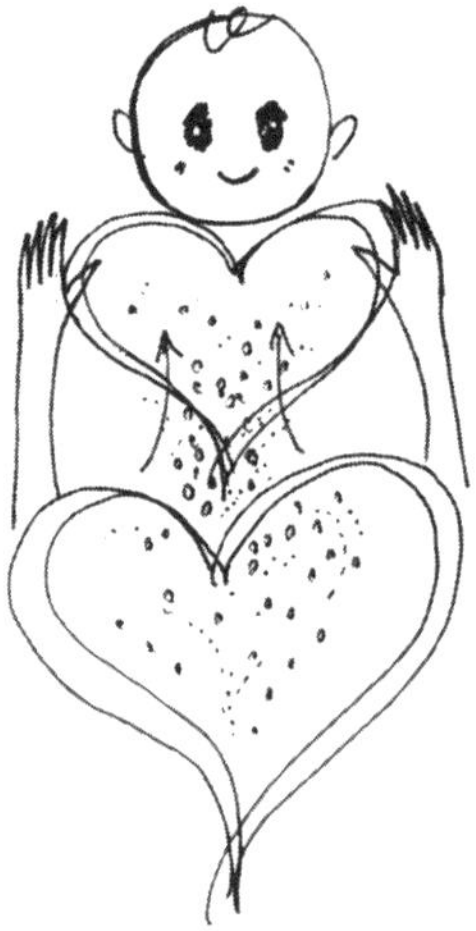

エゴが納得したらエゴに歩み寄り、手にもっているたくさんの砂袋を「今までありがとう」と「もうこれは必要ないからね」とあなたの言葉で伝えてあなたが受け取ってください。

セントジャーメイン[注4]にお願いし、彼の紫の冷たい炎をあなたの横に用意します。

この炎は愛でないものを愛へと変容する浄化の炎です。

この中にこのすべての袋を入れて感謝とともに燃え尽きるのを視てください。

すべて燃え尽きたら、エゴに歩み寄ります。

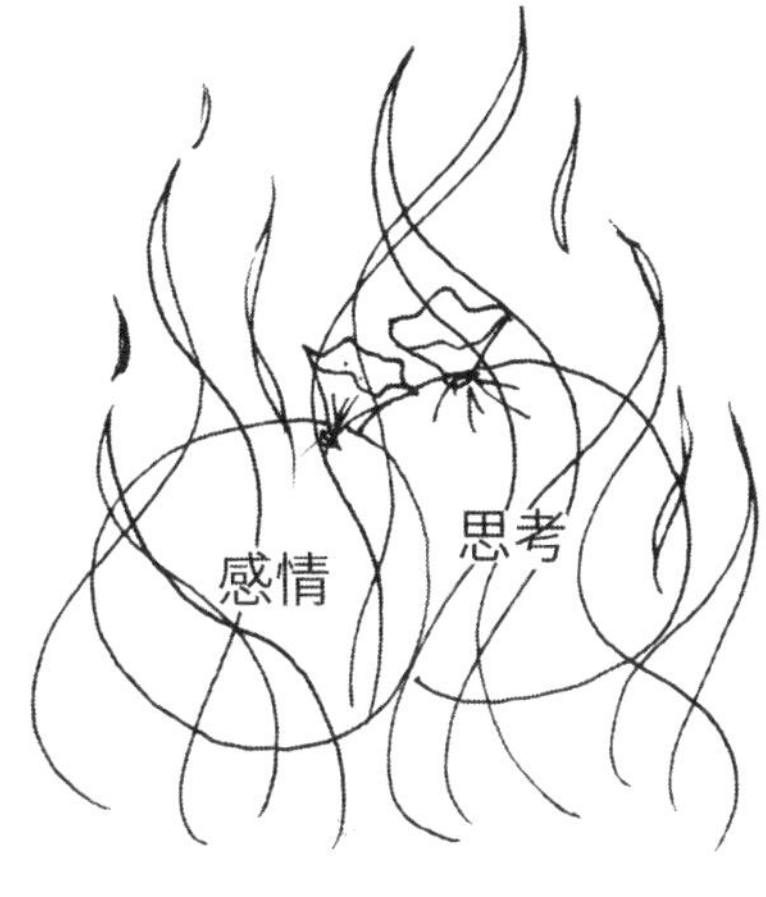

注4）セントジャーメイン　浄化と変容を司るアセンディット・マスターの一人。ヨーロッパに実在した人物で、語学、芸術に長けた人格者と言われている

エゴを抱きしめてあなたのハートの中に再びとりこんでください。
セントジャーメインにも感謝を伝えます。

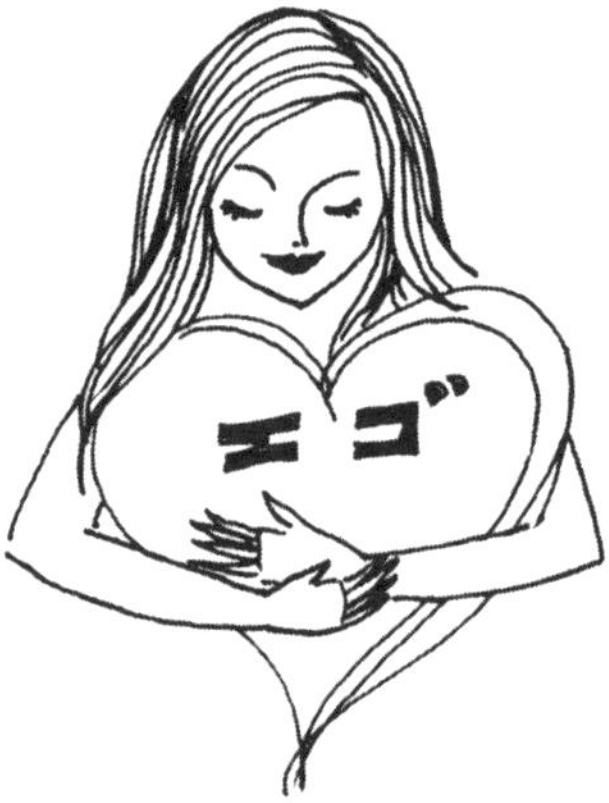

過去は記憶の中

過去はすべて記憶の中にしか存在しません。

わたしはある時に、とても客観的にわたしを見ている人がわたしの中にいるのに気付きました。

母が入院している病院に向かう、恵比寿ガーデンプレイスに向かう長いエスカレーターに乗っていた時、エスカレーターにいる自分が客観的に視えたことがありました。

その時同時に「内山エナの物語」というタイトルまで視えました。

奥行きがなく、本当に客観的に、エスカレーターにいるわたしが「テレビの中の人物のように」視えたのです。

その画面の中で、わたしは働き、友人と会食し、ニコニコしたり、怒ったりと、まるでドラマの主演女優のようでした。

その日は母の手術日でしたので、再度手術中にドラマの中のわたしに意識を向けていきました。

意識を引いていくと、テレビの中にわたしがいました。

そのわたしの映る物語を静かに視ている人がいます。

その人の周りにはたくさんのなにも映っていないテレビがあります。

けれどその人はわたしの映っている画面だけを静かに視ています。

試しに周りのテレビの画面もつけてみました。

そうしたらそこには過去世のわたしが映っていたのです。

戦争で亡くなったわたし。

看護師のわたし。

修道士のわたし。

商人のわたし。

でもその人は今のわたしの画面にだけ意識を向けています。

わたしは意識の中で「大きく統合」を起してみました。

そうしたらあらゆる画面のわたしの人生が万華鏡のように変わりました。

戦争で亡くなったはずのわたしは、大けがをしていましたが故郷に戻ってきました。

看護師のわたしは従軍看護婦になる予定でしたが、戦争が終わったので大好きな仕事に生涯携わりました。

修道士のわたしは自分で修道会を創り、仲間にも恵まれました。

商人のわたしは人に騙されて大金を失うことになっていましたが、そうならずに生涯幸せでした。

「やっぱりそうだ」と確信のもとに何度も画面の中で統合を繰り返すと、過去は万華鏡のようにどんどん変化しました。

統合は今この瞬間に「手放す準備の整った感情が上がってきます」今の人生の過去はもちろんのこと過去世も、パラレルも、未来も。

画面を静かに視ていたのはハイヤーセルフです。

ハイヤーセルフはただ黙って、わたしにだけ意識を向けていました。

過去、未来、パラレルは存在しますが、ハイヤーセルフであるわたしは、今のわたしに意識を向けています。

だからここで「わたし」が統合を起すのです。

トラウマと呼ばれるものは、過去の感情が結晶化したもので、同じシーンを見たり、聞いたり、想い出したりするとその時の感情が上がってきます。

これをいちいち感じて、感じ切って統合していては切りがありません。

だからこそ、ゼロの状態と現実のすべてを使って統合を起していきます。

感情はあなたに感じて欲しいのではなく、もう手放して自分の本来の光に戻りたいのです。

イガイガの感情がくるんと回転して、つるつるピカピカの感情になる。

そのくらい簡単に手放せることを許していいのです。

24時間統合はしっかりとした基礎の上に起きる

24時間簡単に統合をする方法がありますか
ずっと虹の光を浴びていたら統合できますか
簡単にできる統合はありますか
とのご質問をいただきます。
わたしの経験としては「基礎のない24時間統合はありません」
その方法で目醒めるならば、たくさんの人が目醒めているはずですし、過去「覚醒、悟り」を求めて山に入る必要も、苦しい修行をする必要もありませんでした。
「それはありません」とお伝えしたらがっかりしますか。

でも、オリンピックの選手や、素晴らしいアーティスト、バレエダンサーや、パティシエ、料理人、こういった方々は1、2年の努力ではないでしょう。

恐らく何十年という厳しい修行と訓練の上で成し遂げられる功績だと思います。

なぜそれを続けることができたのか、「大好きなことだから」「どうしてもその世界が見たかったから」「ずっと夢だったから」などいろいろな理由があるでしょう。

「統合」も同じことです。

彼ら一流と言われる方々が片手間や趣味ではなかったように、「目醒め」は片手間では起せません。

中途半端な統合ほど苦しいものはありません。

あなたはなぜ統合を起こそうと思いましたか。この大切なことをもう一度しっかりと自分の中で明確にして欲しいと思います。

それぞれが学びの中

何かあると「こんな大きな出来事が起こって」と言いますよね。

出来事に大きい小さいはありません。

あなたの中が大きく揺れるか、小さく揺れるかです。

同じことを誰かに言われても「激しい怒り」で反応するか、「あぁそうですか」と反応するかはそれぞれ違います。

誰かに何かをされたり、言われたりで「こんなことをされた」という視点の時にはあなたはまだ「相手と同じ土俵にいる」のです。

あなたはもう「統合」というものを知っています。

あなたが今回地球に生まれて来たのは「目醒めるため」。

あなたの使命は「目醒めること」。

あなたの役割りは「目醒め続けてそこにいること」です。

あなたと相手には相手が今回地球でしようと決めた学びがあります。

あなたは皆、同じ世界で、同じものを見て関わりあって生きていると思っているかもしれません。

ある意味、人はいます。けれど、本当のところ「学び」は関わりあっていないのです。

家族や会社など、お互いの学びを存分に遂行するために生まれる前に皆でチームを結成します。

「わたしは今回は人の意見に揺さぶられて、自分を見失ってみたい」

「わたしは、人を自分の思い通りにコントロールして、それでも幸せではない人生を送りたい」

「まさか」と思うかもしれませんが、この「学び」を元にわたしたちは自分で「人間としてのシナリオ」を書いてきました。

だからあなたはあなたの世界にだけ責任を持ってください。

あなたはあなたの感情だけ責任を持ってください。

そうして、もう一つ大切なことは、

「誰が何を言おうとあなたのことが解るのはあなただけ」です。

あなたの真実はあなたの中にあるのです。

もちろん、目醒めの気付きを得る一つとしては「カウンセリング」を受けることも良いと思いますが、そのカウンセラーが本当にあなたの内面を視れているかなんてわかりません。

わたしも仕事の一つとして「カウンセリング」を行っていますが、「わたしが何を言っても必ずあなたの真実と照らし合わせてください」とお伝えします。

わたしたちはエネルギーの存在です。特に「高名なカウンセラー」や「高額のカウンセラー」に自分のエネルギーを100%預けてしまいます。

あなたの人生を生み出せるほどにパワフルな力を「こう言われたから」と意識に100%刷り込んでしまうと、自分の大切な人生の舵を誰かに預けてしまうことになります。

「恋人とは年内に別れたほうがいいでしょう」「その会社は近いうちにやめることになりますよ」

それをあなたが望んでいるならばそれで良いですが、あなたが望んでいないのに「こう言われたから」で行動をしてしまうと、自分の軸どころの話ではありません。

地球にはたくさんの占い、さまざまな鑑定があります。

これらは「統計学」といわれ、もちろんすべてが嘘ではありませんが、それでもたくさんの人が今日の運勢、今年の運勢をはじめとした観念概念に自らを当てはめているのです。

わたしは現在たくさんの「目醒めたい」方に向けてワークショップを行っています。ある時友人から「今あなたは人生で1番不調な時期だから動いちゃいけないはずなのに、仕事も健康も問題ないね」と言われたことがあります。

地球にいると自分では気にしなくても、知らなくても、地球の磁場の中のさまざまな制限を受けますが、統合を起すことでその「制限」から抜け始めます。

わたしがそうだったからです。

「すべての感情を統合していく」と決めれば、地球の観念概念、制限から着々と外れていきます。

逆に、普通の生き方をしていると、「地球の制限を受けると100%決めている」ことになります。

そのため地球にいればあたり前に制限、観念、概念の枠へと入っているのでしょう。

第5章

新しい世界へのとびら

統合は「制限」を抜けること

「地球の観念概念、つまりルールという制限を抜けることが目醒めていく方法です」とお伝えすると「そんなことをしたら皆が自分勝手で、社会がなりたちません」となります。

おっしゃる通りに、皆が自分勝手で、やりたいことだけしていれば社会も家族もすべてがめちゃくちゃです。

でもあなたが向かうのは「わたしが良ければそれでいい」という雑念がない、本質の「愛と調和」の生き方です。

「愛と調和」は源の意識でわたしたちの真実です。

真実を話す、表現するとは、この源の「愛と調和」をどの角度から表現するかです。それぞれが自分の真実を話すことは、自分の中の源の意識を表現することだから、かならず調和を生みます。

誰かの顔色を視て、空気を読んで同調するという生き方は、調和を生むことはありません。

目醒めのステップ⑬　～同調しないで調和する～

例え家族が「こんな酷いことがあった」とあなたに訴えても、あなたはそこに降りないで、統合のその先を視てあなたのよりしっくりくる、腑に落ちることを表現してください。

わたしの母は愚痴と噂話が大好きな普通の母です。

ある時も、母は愚痴と噂話をさかんにわたしにしていました。

いつもならば「そんな話は聞きたくない」とわたしが言い、また母が愚痴を言うという循環でしたが、その時はただ話を聞いて、統合し、自分の内面を整えていました。

そうしてわたしは「わたしの愛と調和」へ一致するために、わたしに「しっくり」するので「お母さん楽しそうだね」と伝えました。

案の定母は「そんなことはない、わたしはこんなに大変だ」と言いましたが、それでもわたしには母が楽しそうに見えたので「そんなことないよお母さん楽しそうよ」

と伝え、その日は帰りました。

一週間ほどしてわたしは実家で母に会いました。母は変わらず愚痴と噂話をしているます。

イキイキと噂話をする母にわたしは「お母さん今日も楽しそうだね」と伝えました。するとら母から「そうね、楽しいのかも」との返事が。

またしばらくして母に会いに行き、いつもの噂話を聞いていたところ、母から「噂話って楽しいのよね」と肯定の言葉が出ました。

「それなら良かったね」と伝えたところ、「もうこんな話はやめにして楽しい話をしましょう」と母は自分から噂話を切り上げました。

わたしは統合するために実家に行っていました。

毎回、自分からズレないで、統合を起こし、現実を握らずに、しっくり、腑に落ちることを表現し、統合のその先をいつも視ていました。

結果として現実は後からついてきますが、そこには意味を見出だしません。母には母の人生で学ぶことがあるのでしょう。

目的はわたしが統合のその先へと向かうためです。

行きたいところにはどこにでも行けるし、やりたいことは何でもやれる

「統合をすると行きたいところへはどこでも行けて、したいことはなんでも出来るんですよね」

その通りです。

あなたが旅行したいと思えば、アマゾンでもエベレスト登頂でも思いのままです。バンジージャンプでも、スカイダイビングでもできます。

その時に出てくる「不安」「恐怖」というバイブレーションを手放すからです。

アマゾンなんて恐くて行けない、バンジージャンプなんて恐怖で足がすくむ、こういった不快な感情を統合すれば、恐怖や不安がないからどこへでも行けますし、なんでもやれるようになります。

でも、「統合」はあなたのしたいことを具現化するものではなく、それをシンボルとしてどんどん動いて行きます。

そこを間違えて「どこにでも行ける、なんでもやれる」と現実に意味を見出だしてしまうと大きく道をはずしてしまいます。

目的は軽やかになって目醒めた生き方をしていくことです。

重たい感情を手放して、自分の「愛、調和、平和、真実」という統合のその先へ、一致するためにしっくりと腑に落ちることを選択するのです。

アマゾンに行くことがしっくりするならその準備をしながらまた統合を起します。バンジージャンプも同様です。

現実に具現化がどうこうではありません、統合のその先の周波数、エネルギーであなたが存在するために現実と感情を使っていくのです。

どうして現実が整うのか

「統合」をおこしていくと「副産物」として現実は整うことがあります。

あなたの発する波動、エネルギーが高くなると、宇宙のタイムラグの元で具現化が行われていきます。

あなたが優しく柔らかくなるから、出したものを受け取る宇宙の法則で、あなたの周りの人があなたに優しくなる、欲しいものがすんなりと手に入るなど現実が整ってきます。

どうしてでしょう。

一つはあなたが発するエネルギーがあなたの現実を創ります。

そのため、あなたが「愛　優しさ」という波動になればあなたの周りの人、環境は当然優しくなります。

あなたが「愛」というエネルギーになれば、例えそこで何が起こっていても「すべて完璧に護られた世界で無条件の愛の元で行われている」と思います。

もう一つ、大切な本質です。

「現実は単なる中立な出来事で、そこに意味を見出だすものではない」とあなたがしっかり腑に落ちた時にもう、現実はあなたに右往左往させるための舞台の役割を終えます。

その時にあなたは宇宙の無償の愛の領域に出ます。

宇宙は無償の愛の領域に出た人を必要としています。

宇宙中が一つになって次元を上げて、新しい時代へ向かおうとしている今、宇宙が地球でやりたいことがあります。

それは一人でも多くの人が「無条件の愛」を想い出すことです。

あなたは「無条件の愛の領域」に出たら、決して後ろを振り向かないでください。

現実が整っても、賞賛を受けても、お金が豊かになってもです。

ここで後ろを振り返り現実に意味を見出してしまう人がとても多いのです。

ここがスタートラインです。

毎日、毎瞬することは同じです。

あなたの揺れる感情を手放すことだけです。

わたしは現実が整うまで時間を要しました。

恐らくわたしの性格上、早めに現実が整ってしまうと、そこに意味を見出だしてしまうからでしょう。

くれぐれも「自分の現実が整わないのは統合が上手くいってないからだ」と間違えた解釈をしないでください。

目醒めるための最善の方法を「自分の癖を知り尽くした自分」が決めたのです。

わたしの現実が整った時、わたしはもう現実の成功、現実が整うことには意味を見出していませんでした。

わたしにはそれが最善でした。

わたしは自分がどこまでも神聖で、純粋なスピリットに戻れるか、そこにしか意識が向いていません。

だからこそ、今もわたしは毎瞬、前だけを視ることができるのです。

統合は現実を変えるための手段ではないということ

この本の中でも「統合は現実を変える手段ではありません」と何度か書いていますが改めて、「統合の本質」をお伝えします。

ワークショップを数々行う中で、ある時わたしがお伝えしたいことと、ご参加の皆様との間に「相違」があることに気付きました。

毎回のように「統合で事業は成功しますか」「お金持ちになれますか」「借金が消えますか」さらには「統合をしていたのにＰＴＡの役員になってしまって」とのご質問があります。

「統合」と現世的利益を追求する「引き寄せ」「成功法」「具現化」「魔法」が混同さ

れています。

「統合したら借金が消える」「お金が儲かる」さらには「統合すれば息子のいじめはなくなり、家族の病気も治る」そういった「魔法」を起こせるツールだと思っていらっしゃる方がとても多いのが事実です。

でも現実を自分の思い通りにする方法ならば「統合」ではなく「現実を自由自在に操る方法」などの「名前」で良いのです。

「統合」という言葉には「2つ以上にわかれたものを1つに整える」という意味があります。つまり一喜一憂し、千々に乱れる感情を落ち着いた穏やかな感情に整えていくことです。

「引き寄せ」「成功」「具現化」をわずかでも期待していると、どうしても現実を視ながら統合を起こします。

その結果「電車が時間通りに来た、席が空いていた、仕事が上手く運んだ」「嫌なことを回避できた」と「統合が上手く行っているから引き寄せた、具現化した」とすり替えが起こり、いつの間にか人や物をコントロールしたい、自分の思い通りにしたいという欲望の中で「統合」を起こすことになります。

そこにはもう「統合」の本質はありませんから、心の平和も目醒めも、ましてや悟りへと向かうことはありません。

「統合」はすべての宗教の基礎となった「ブッダ思想」を日常に置き換えて、誰もが「目醒め」て「魂の完全な自立」をしてその先の「悟り」へ向かうものです。

どこまでも神聖な自分であるために、決して横道にそれず大切な礎を積み上げてください。

統合は「目醒める」ためのツール

「統合」は引き寄せの手段でも、望む現実を具現化する魔法でも、奇跡を起すものでもありません。「お金」を得る、「成功する」というものでもありません。

「統合」とは自分の中を一つの「愛、平和」へ整えていくことです。

そうして「目醒め」て宇宙の真理を自分で知る「悟り」へ向かいます。

ワークショップで「皆さんにとって現実はイリュージョンですか、夢で、幻想ですか」と聞くと口を揃えて「そうです。ここはイリュージョンです」と言います。

それならばどうしてイリュージョンの世界で、夢の世界でなにかを引き寄せたり、具現化することにこだわるのでしょう。

なぜ「統合で奇跡が起きた、引き寄せた」と一喜一憂するのでしょうか。

統合は、何が起こっても「平和で愛である」という揺るぎのない「真実の自分軸」を創り、現実の中で肉体を持って目醒めていくことです。

人間の生き方をすべてやめていくことは、欲望と執着が大きければ大きいほどに困難です。

けれど、あなたはこれまでいろいろ3次元で策を練って生きて、それでもうまくいかない、何かが違うと統合の道を選んだのだと思います。

自分を取り巻く環境を必死に整えても、あなたの心はいつも波だっていませんでしたか。

あなたが豊かになるからあなたは豊かさを受け取るのです。

あなたが愛だからあなたは愛を受け取るのです。

戦争が起こっていても、経済が混乱していても、あなたは無条件の愛からそれを視て、それぞれが精一杯ここで学ぶことを学んでいる、自らが望んだことを体験、経験できるという「豊かさ、愛」を受け取るのです。

こういった真実をたくさんの人が知れば、もう戦争や経済の混乱、貧困という意識は無くなります。

だから多くの人が目醒めることが大切なのです。

たくさんの「願い」や「したいこと」を持ってください。

そこに向かって進んで揺れる感情を炙り出してください。

あなたは軽やかになり、「真実」を自分で摑み、あなたの言葉で伝えてください。

セミナーやワークに取り憑かれない

朝1時間スピリチュアルなワークをし、夜1時間ワークをして、日中もさまざまなワークをして、夏至、冬至、節分も競うようにさまざまなセミナーに行くという、ワークやセミナーに取り憑かれて生きていませんか。

統合は、自分を整えていくことです。

だとするなら、あなたが行うことはたった一つのワークでも良いのです。

あなたが穏やかになり、平和になったその状態、感覚を維持し続けてください。何かあって落ちたなら、今の状態に必ず戻ってきてください。

現実のすべてを使って統合をしてください。歯を磨くのも、服を着替えるのも、犬のお散歩も、朝食もなにもかも統合するためにします。

日中もずっと統合のために生活をします。

実家に行くのも、友達とのランチも仕事も夕飯の買い物も、夕飯を作るのも、統合のためにします。

数時間に一回はしっかりと統合を起してすっきりとします。

お風呂では統合をしたり瞑想をしたりとリラックスします。

寝る前にはきちんと統合を起してから寝ます。

ゼロの状態とワクワク楽しいなどの「好奇心」に従って動いていくことはとても大切です。

統合は生活の中で行うものです。

ワークに取り憑かれて、ワークをした時だけ気分が上がり、あとは感じっぱなしで普通の生活では目醒めへは向かいません。

一瞬一瞬の意識の使い方がとても大切です。

目醒めて生きる。それには一度どうしても意識の置き方を変えることは必要です。

たくさんのセミナーに行く、たくさんの情報を収集する、たくさんのワークを一日の中でこなす、こういったことに満足をせず、あなたの本質の揺るぎない無条件の愛の自分軸を創り上げることが目的です。

セミナーやワークに取り憑かれている時は「焦りの感情、不足の思い、置いていかれてしまう、わたしだけ出来ていない」こういったものがこっそりあなたの中に息を潜めていないかを視てください。

息を潜めている何かに気付き、それらがごっそり外れて、あなたは自分を信じるというステージへ大きく一歩を踏み出していきます。

お金とのつき合い方

人間の生き方でいうところの「豊かさ」とは「お金」が大部分を占めるでしょう。

「統合」は「お金」を得るための、社会で成功するためのツールではありません。

でも「お金」はわたしたちの生活で大きな重しになります。

あっても不安、なくても不安、お金は人を殺すほどに、わたしたちを支配します。

わたしのセッションでも、ワークショップでも「どうしたらお金が手に入れられるか、統合したらお金が儲かりますか」との質問はとても多いのです。

「お金が欲しい」という「欲」をしっかり統合していきましょう。

考えてみてください。お金持ちの人が皆安心して生活をしているのでしょうか。お金持ちの中にはたくさんあっても、もっと欲しい、もしくは人に奪われるのではないかと恐怖と不安を抱えている人もいます。

人間を人間たらしめるのは「欲」です。「欲」をどこまでも手放すのが統合です。だとすると、「お金」は現実にあるものですので、その下の「重い物」を手放すのです。

お金にはたくさんの重い感情がついています。ここから自由になるにはお金を中立な、ただのエネルギーとして視るところまで上げていくしかありません。

わたしは以前「こんな不安定な仕事をしていて、浮浪者になったらどうするの」と言われたことがあります。

その時になんで浮浪者になったらいけないのだろうと思い「どうして浮浪者になったらいけないの」と聞いてみました。

そうしたら「社会に、家族に迷惑がかかる、将来どうするつもりなのか、病気になったらどうするのか」といろいろ返事がきました。

わたしは話しながらとにかく「統合」をおこし続けました。

そうして、わたしが「自分の人生のシナリオ」に浮浪者になるという経験、体験を書いてきているのであれば、そうなるだろう、でももう恐怖、不安をごっそり手放したので、わたしは世界で1番ハッピーな浮浪者になり、河原で歌って踊るだろうと思いました。

わたしは河原で楽しく過ごし、楽しく残飯を漁り、青空と星空を視てすずめや鳩などの動物と穏やかに過ごします。

ここまで手放した時にわたしのお金に対する考え方は大きく変化しました。

エネルギーは「出したら受け取る」の法則があるので、ワークショップのお代金はお金でいただいていますが、わたしは、きゅうりでもじゃが芋でも構いません。

それがスーパーでお米や、お魚、ペットフードになるなら、移動のための電車代になるなら、なんでも構わないのです。

お金に対する価値観、固定観念が大きく変わったので、もうお金はわたしに恐怖を与える材料として現実に留まる必要はありません。

必要なものはお金というエネルギーとして入りますが、今のわたしには「お金」は交換のエネルギーです。

お金の下の重たいものをごっそりと手放して、お金がなくても大丈夫という所までエネルギーを上げる、どうにもならない重たいものは「なくても幸せ」まで自分を引き上げます。

お金に対する意識が変わった時、あなたはきっと「なくても幸せ」という軽やかな波動で存在し、もうそこに意味を見出だすことはないでしょう。

本当の豊かさとは

本当の豊かさとは何もなくても「あなたがあなたでいる」ということです。

「そのままの自分」でいる自由さは、何ものにも代えられません。

誰の前でも緊張することなく、臆することなく、あなたは自然なあなたでいるだけです。

外に何を求める必要もなく、「わたしは豊かで、愛で、調和で、平和」であることを先人たちも求め続けてきたのです。

いくら富を持っていても、名声があっても、望むものはなんでも叶えられても、それでも自分がただいつも「平和」であるということは買うことができませんでした。

世界一の大富豪も持っていないものをあなたは今生、手にしようとしているのです。

あなたが目醒めたいと思うのであればその道は、あなたの目の前に一筋の光として現れます。

光の道へと踏み出してください。

一日のスタートの朝は大切です。

「幸せ！」の言霊を全身に行き渡らせて今日もどうぞ素敵な一日をお過ごしください。

おわりに

わたしが皆様にお伝えしたいことは、本質のあなた、つまり純粋な愛に基づいた完全に平和な自分軸で生きることです。

純粋な愛に基づいたあなたの言動が本物の調和へと至る唯一の道であると知って欲しいのです。

～自分に一致する音声ワーク～

◆ ワーク❶（四位一体のワーク）　➡ P91

《特典① ～四位一体のワーク～》

https://one-spi.or.jp/lp/tokuten/index.html

◆ ワーク❷（統合ワーク）　➡ P150

《特典② ～統合ワーク～》

https://one-spi.or.jp/lp/tokuten/tokuten2.html

◆ ワーク❸（虹の呼吸のワーク）　➡ P154

《特典③ ～虹の呼吸のワーク～》

https://one-spi.or.jp/lp/tokuten/tokuten3.html

◆ ワーク❹（エゴと共に進むワーク）　➡ P166

《特典④ ～エゴと共に進むワーク～》

https://one-spi.or.jp/lp/tokuten/tokuten4.html

ヒカルランド書籍 第二弾!

エナの超シンプルな生き方 STEP 2

～次巻予告～

あなたの喜びは、
真実の豊かさに満ちた
本当の自分を
取り戻していくことです。

Part2へ続く...

内山エナ
OL、専業主婦を経て普通の生活から統合に出会う。
自ら実践し試行錯誤しながら目醒めた人生を体現する。
だれでも簡単に覚醒する目醒めへのステップを確立し
現在は人々を目醒めへと導くリーダーへ。
彼女の元には10代から80代とあらゆる世代が集い、
彼女の親身でわかりやすい指導により、
目醒めの人生を歩み始めている人々が続出している。

Self Awakening

エナの超シンプルな生き方 STEP1

自分に一致して生きる

第一刷 2020年5月31日

著者 内山エナ

発行人 石井健資

発行所 株式会社ヒカルランド

〒162-0821 東京都新宿区津久戸町3-11 TH1ビル6F

電話 03-6265-0852 ファックス 03-6265-0853

http://www.hikaruland.co.jp info@hikaruland.co.jp

振替 00180-8-496587

本文・カバー・製本 中央精版印刷株式会社

DTP 株式会社キャップス

編集担当 河村由夏

ISBN978-4-86471-881-3

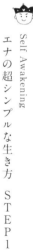

感情を整えるだけで
自分至上最高に美しい人生を
生きることができるのです

みなさまこんにちは、内山エナです。
「目醒めて生きる」という生き方をご存知ですか。
わたしたちは、日々誰かの顔色や情報に振り回されて忙しく感情のアップダウンを繰り返しています。

目醒めた生き方とは「純粋な愛に満ちた平和な自分」で無駄のないシンプルな人生を生きることです。

それにはまず「感情を整えて自分の真実を知り言葉と行動で表現していくこと」が大切です。

感情を整えて平和と愛に満ちた真実の自分に出会った時、あなたの人生は様変わりするでしょう。

あなたは今、本当の人生を歩くスタートラインを切りました。

あなただけの美しい人生を楽しんでまいりましょう。

エナさんよりご挨拶

皆様
こんにちは

内山エナと申します。

今の時代、「自分軸」がとても大切です。

わたしたちは小さな時から協調性、思いやり、空気を読むということで周りと合わせて調和を図り、自分の気持ちを押し殺して生きてきました。

そのためにとてもたくさんの方が自分を見失い、苦しい日常を今も過ごしています。

自分軸とは「純粋な愛と調和に基づいた 揺るぎない平和な自分」です。

つまり、自分で物事を見極めて、選択し、決めて行動する、現実に足を着けて実社会の中でしっかりと生きることです。
これを目醒めた生き方と言います。

まずは自分の感情を整えていくことが大切です。

わたしがお伝えする「セルフ アウェイク」という手法はステップを踏みながら感情を一つに整え「純粋な愛の自分軸、目醒めた生き方、悟り」へと到達する手法です。

しなやかで美しい成熟したあなたで人生を存分に生きてください。

あなたが最大の可能性に満ちていることを想い出してください。

いつもありがとうございます。

ヒカルランドで待望の動画配信!!

エナの超シンプルな生き方 STEP1 オンライン講座

ヒカルランド
HPより
ご確認ください
⇩⇩⇩

より深く本の内容を理解するためのオンライン講座

8,800円

【愛用者の声】

クリーナーで野菜や果物を洗うと農薬や汚染物質が綺麗に洗浄されて安心です。リンゴは触ったときのベタベタ感が無くなって甘さも強く感じてびっくりしました。

通常の水の300倍の浸透率！
アースパワー・ウォーター
■ 13,200円（税込）

高次元水

●品名：生体活性水　●容量：1L
人体にとって有益なマイナスイオンが、滝の近くにいるのに匹敵するほどの、驚異的な量を含んでいるアースパワー・ウォーターは、新陳代謝の促進、若返りや蘇生効果、肉体に及ぼす有害な毒素の除去、鎮静作用など、生物が抱える肉体面のトラブルに作用することが使用者から寄せられる多くの体験談からも証明されています。特殊な鎖状の構造から豊富な酸素と水素を含み、酸素は活力や免疫向上、水素は活性酸素の除去が期待できます。※飲用ではありません。


【愛用者の声】

アースパワー・ウォーターは不思議な水です。開発されてから五島先生がどんどん若返っていくのでお聞きしたら、時間軸を戻すことができるとか?!

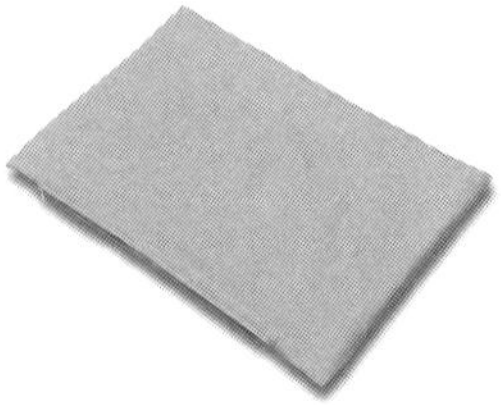

テラヘルツ×マイナスイオン×遠赤外線のスペシャルトリプル効果！
アースパワーマット
■ 80,300円（税込）

健康マット

●素材：［カバー］麻100%（洗濯可）、［マット］イズマリン、クリーナー、古代の鉱石粉末（マットは洗濯不可）。電源の要らない発熱電子効果のある健康マット。この地球上にはエネルギーの高い宝のような物質や周波数が存在します。Dr. Shu は普段のヒーリングを通して、多くの病の主原因は睡眠不足であることを実感し、背中から3つの特別なエネルギーを当てれば、睡眠不足や体の不調を改善していくのではないかと考えて開発しました。

【愛用者の声】

時々不眠症になり体調を崩しやすかったのですが、背中や首の下に敷いて眠るようにしたら、体が緩んで熟睡できるようになりました。嬉しいです！

■使用による注意事項■
アースパワー商品は全て雑貨となります。各感想は使用者の体感により個人差があります。使用方法はHPをご覧頂くなど、詳しくはお問い合わせください。

【お問い合わせ先】ヒカルランドパーク

＊ご案内の価格、その他情報は発行日時点のものとなります。

★《AWG》癒しと回復「血液ハピハピ」の周波数

生命の基板にして英知の起源でもあるソマチッドがよろこびはじける周波数をカラダに入れることで、あなたの免疫力回復のプロセスが超加速します！

世界12カ国で特許、厚生労働省認可！　日米の医師＆科学者が25年の歳月をかけて、ありとあらゆる疾患に効果がある周波数を特定、治療用に開発された段階的波動発生装置です！　神楽坂ヒカルランドみらくるでは、まずはあなたのカラダの全体環境を整えること！　ここに特化・集中した《多機能対応メニュー》を用意しました。

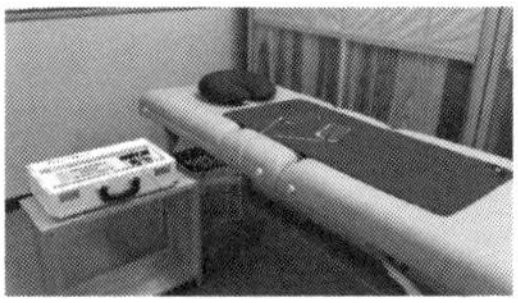

※180分／24,000円のコースもあります。
※妊娠中・ペースメーカーご使用の方にはご案内できません。

A．血液ハピハピ＆毒素バイバイコース
　(AWG コード003・204)　60分／8,000円
B．免疫 POWER UP　バリバリコース
　(AWG コード012・305)　60分／8,000円
C．血液ハピハピ&毒素バイバイ&免疫 POWER UP
　バリバリコース　120分／16,000円
D．水素吸入器「ハイドロブレス」併用コース
　60分／12,000円
E．脳力解放「ブレインオン」併用コース　60分／12,000円
F．AWG プレミアムコース　9回／55,000円　60分／8,000円×9回
※その都度のお支払いもできます。

AWGプレミアムメニュー

１つのコースを一日１コースずつ、９回通っていただき、順番に受けることで身体全体を整えるコースです。２週間～１か月に一度、通っていただくことをおすすめします。

①血液ハピハピ＆毒素バイバイコース　②免疫 POWER UP バリバリコース
③お腹元気コース　④身体中サラサラコース
⑤毒素やっつけコース　⑥老廃物サヨナラコース

★音響免疫チェア《羊水の響き》

脊髄に羊水の音を響かせて、アンチエイジング！
基礎体温１℃アップで体調不良を吹き飛ばす！
細胞を活性化し、血管の若返りをはかりましょう！

特許1000以上、天才・西堀貞夫氏がその発明人生の中で最も心血を注ぎ込んでいるのがこの音響免疫チェア。その夢は世界中のシアターにこの椅子を設置して、エンターテインメントの中であらゆる病い／不調を一掃すること。椅子に内蔵されたストロー状のファイバーが、羊水の中で胎児が音を聞くのと同じ状態をつくりだすのです！　西堀貞夫氏の特製 CD による羊水体験をどうぞお楽しみください。

A．自然音Ａコース「胎児の心音」　60分／10,000円
B．自然音Ｂコース「大海原」　60分／10,000円
C．「胎児の心音」「大海原」　120分／20,000円

神楽坂ヒカルランド
みらくる
Shopping & Healing

神楽坂《みらくる波動》宣言！

神楽坂ヒカルランド「みらくる Shopping & Healing」では、触覚、聴覚、視覚、嗅（きゅう）覚、味覚の五感を研ぎすませることで、健康なシックスセンスの波動へとあなたを導く、これまでにないホリスティックなセルフヒーリングのサロンを目指しています。ヒーリングは総合芸術です。あなたも一緒にヒーリングアーティストになっていきましょう。

★ TimeWaver《タイムウエイバー》

時間も空間も越えて、先の可能性が見える！
多次元量子フィールドへアクセス、新たな未来で成功していく指針を導きだします。

空間と時間を超越したヒーリングマシン「TimeWaver」は、抱えている問題に対して、瞬時に最適な指針を導き出します。タイムマシンの原理を応用し12次元レベルから見た情報を分析。肉体的なレベルだけではなく、チャクラや経絡、カルマ、DNA、遺伝的な要因など広い範囲にわたる情報フィールドにアクセスし、問題の原因を見つけます。「目標に対しての戦略エネルギー」、「ご自身や周りにいる人々のマインドエネルギー」などを分析し、最も効率よく最大限の成功へと導く道標を示し、さらに時空からその成功をサポート。すごい時代になりました！

初回 60分／35,000円　　2回目以降 60分／25,000円

ご来店

事前にご自身がお一人で写っている顔写真の画像と、生年月日などのデータをお送りいただきます。特に体に何かつける、横になるなどはなく、オペレーターと画面を見ながらセッションを進めていきます。

遠隔セッション

TimeWaver がアクセスするのは、量子フィールド。お一人で写っているご自身の顔写真と生年月日などの情報があれば、アプリや、お電話などでの遠隔セッションが可能です。プライベートなお話のできる静かな場所で、椅子などにゆっくり座りながらお受けください。

★植物の高波動エネルギー《ブルーライト》

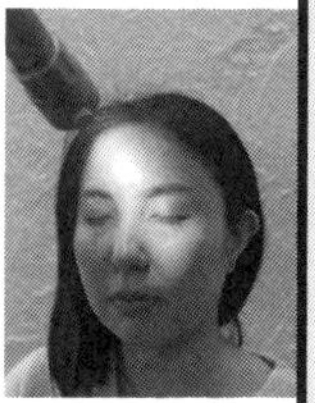

高波動の植物の抽出液を通したライトを頭頂部などに照射。抽出液は13種類、身体に良いもの、感情面に良いもの、若返り、美顔……など用途に合わせてお選びいただけます。より健康になりたい方、心身の周波数や振動数を上げたい方にピッタリ！

A．健康コース　7か所　10～15分／3,000円
B．メンタルコース　7か所　10～15分／3,000円
C．健康＋メンタルコース　15～20分／5,000円
D．ナノライト（ブルーライト）使い放題コース　30分／10,000円

★ソマチッド《見てみたい》コース

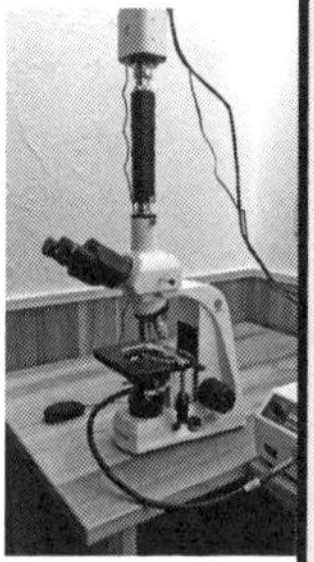

あなたの中で天の川のごとく光り輝く「ソマチッド」を暗視野顕微鏡を使って最高クオリティの画像で見ることができます。自分という生命体の神秘をぜひ一度見てみましょう！

A．ワンみらくる　1回／1,500円（5,000円以上の波動機器セラピーをご利用の方のみ）
B．ツーみらくる（ソマチッドの様子を、施術前後で比較できます）2回／3,000円（5,000円以上の波動機器セラピーをご利用の方のみ）
C．とにかくソマチッド　1回／3,000円（ソマチッド観察のみ、波動機器セラピーなし）

★脳活性《ブレインオン》

聞き流すだけで脳の活動が活性化し、あらゆる脳トラブルの予防・回避が期待できます。集中力アップやストレス解消、リラックス効果も抜群。緊張した脳がほぐれる感覚があるので、AWGとの併用がおすすめです！

30分／2,000円
脳力解放「ブレインオン」AWG併用コース
60分／10,000円

★激痛！ デバイス《ドルフィン》

長年の気になる痛み、手放せない身体の不調…たったひとつの古傷が気のエネルギーの流れを阻害しているせいかもしれません。他とは全く違うアプローチで身体に氣を流すことにより、体調は一気に復活しますが、痛いです！！！

A．エネルギー修復コース 60分／15,000円
B．体験コース 30分／5,000円

★量子スキャン＆量子セラピー《メタトロン》

あなたのカラダの中をDNAレベルまで調査スキャニングできる
量子エントロピー理論で作られた最先端の治療器！

筋肉、骨格、内臓、血液、細胞、染色体など――あなたの優良部位、不調部位がパソコン画面にカラーで６段階表示され、ひと目でわかります。セラピー波動を不調部位にかけることで、その場での修復が可能！
宇宙飛行士のためにロシアで開発されたこのメタトロンは、すでに日本でも進歩的な医師80人以上が診断と治癒のために導入しています。
Ａ.Ｂ.ともに「セラピー」「あなたに合う／合わない食べ物・鉱石アドバイス」「あなただけの波動転写水」付き

Ａ.「量子スキャンコース」　60分／10,000円
あなたのカラダをスキャンして今の健康状態をバッチリ６段階表示。気になる数か所へのミニ量子セラピー付き。
Ｂ.「量子セラピーコース」
120分／20,000円
あなたのカラダをスキャン後、全自動で全身の量子セラピーを行います。60分コースと違い、のんびりとリクライニングチェアで寝たまま行います。眠ってしまってもセラピーは行われます。

★脳活性《ブレイン・パワー・トレーナー》

脳力UP＆脳活性、視力向上にと定番のブレイン・パワー・トレーナーに、新メニュー、スピリチュアル能力開発コース「0.5Hz」が登場！　0.5Hzは、熟睡もしくは昏睡状態のときにしか出ないδ（デルタ）波の領域です。「高次元へアクセスできる」「松果体が進化、活性に適している」などと言われています。

Ａのみ　15分／3,000円　　Ｂ～Ｆ　30分／3,000円
AWG、羊水、メタトロンのいずれか（5,000円以上）と同じ日に受ける場合は、2,000円

Ａ.「0.5Hz」スピリチュアル能力開発コース
Ｂ.「6Hz」ひらめき、自然治癒力アップコース
Ｃ.「8Hz」地球と同化し、幸福感にひたるコース
Ｄ.「10Hz」ストレス解消コース
Ｅ.「13Hz」集中力アップコース
Ｆ.「151Hz」目の疲れスッキリコース

ヒカルランド　好評既刊！

地上の星☆ヒカルランド　銀河より届く愛と叡智の宅配便

26のホ・オポノポノ
誰もが幸せに生きる街マルヒア
著者：マベル・カッツ
訳者：伊藤功＋伊藤愛子
四六ソフト　本体 2,000円+税

自然治癒力と直観力の目覚め
発酵生活で新しい私に生まれ変わる
著者：栗生隆子
序文：奥平亜美衣
四六ソフト　本体 1,750円+税

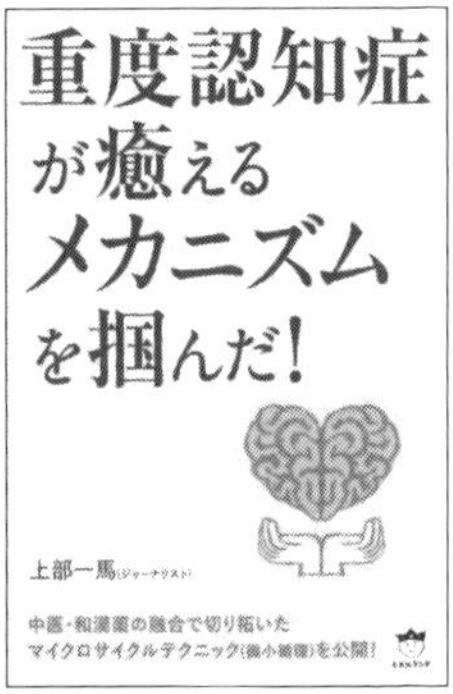

重度認知症が癒えるメカニズムを掴んだ！
著者：上部一馬
四六ソフト　本体 1,800円+税

発達障害は栄養で良くなる
新時代に希望をもたらす未来医療
著者：サリー・カーク
訳：石原まどか
医療監修：内山葉子
Ａ５ソフト　本体 3,333円+税

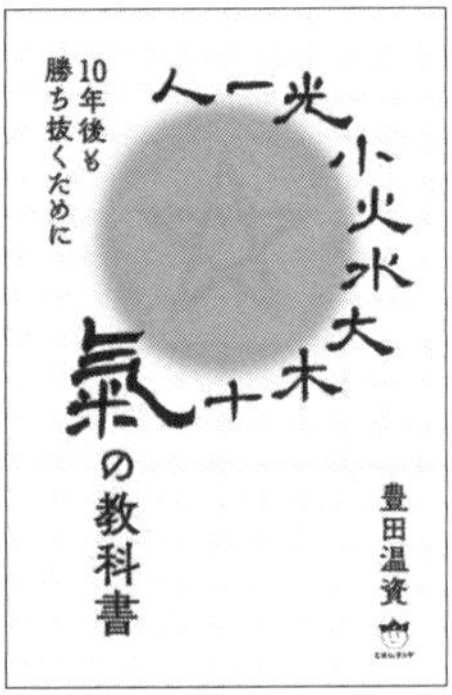

氣の教科書
10年後も勝ち抜くために
著者：豊田温資
四六ソフト　本体 1,800円+税

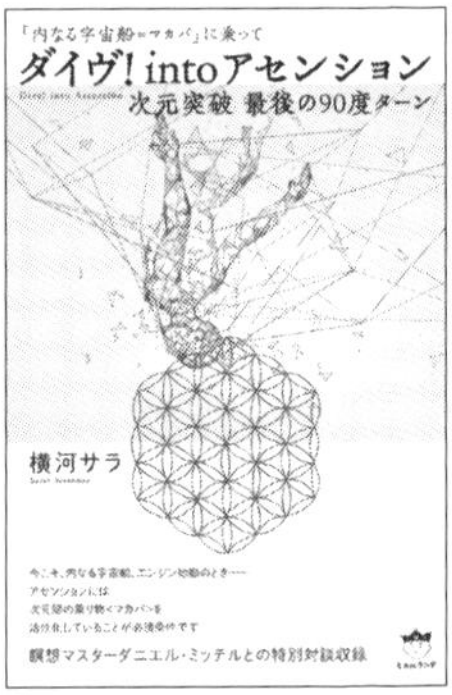

「内なる宇宙船＝マカバ」に乗って
ダイヴ！ intoアセンション
著者：横河サラ
四六ソフト　本体 1,900円+税